이탈리아 남부 악인과 함께하는 미식여행

이탈리아 남부 와인과 함께하는 미식여행

이가서
Leegaseo publishing

이탈리아 남부 와인과 함께하는 미식여행

◆ 초판 1쇄 인쇄일 | 2023년 4월 15일
◆ 초판 1쇄 발행일 | 2023년 4월 25일

◆ 엮은이 | 글·사진 송두진
◆ 펴낸이 | 하태복

◆ 펴낸곳 | 이가서
◆ 주소 | 서울시 중구 서애로 21 필동빌딩 301호
◆ 전화 | 02) 2263-3593   ◆ 팩스 | 02) 2272-3593
◆ 홈페이지 www.leegaseo1@naver.com

◆ 등록번호 제10-2539호
◆ ISBN 978-89-5864-978-6

◆ 기획·편집 크리드에듀 | 조상엽 010-5327-0207
    sanyang2014@naver.com

행복한 것은 잘 사는 것이다. 잘 산다의 잘은 부유함이 아니다.
바르고, 나누는 삶. 그것이 잘 사는 것이라 생각한다.

저자인 송두진 씨는 필자의 남편과 고교동창이다. 남편은 어느 날 12개의 빨간 USB를 건네며 친구가 음악을 담은 것이라 말하며 USB의 목록이 적힌 노트도 함께 주었다. 음원 리스트는 그 빨간 USB에 흰 글씨로 적힌 각각의 숫자에 담긴 다양한 음악의 내용이 상세히 적혀있었다.

바하에서 시작된 다양한 클래식 음악에서부터 팝송, 샹송, 우리 가곡과 가요까지. 마치 음악 백과사전 같았다. 평소 음악 듣기를 즐기지만 말이 많은 FM방송이 시끄럽게 느껴지고, CD를 틀어 음악을 듣고 싶어도 기기를 다루는 것이 번거로워 음악듣기가 귀찮아지던 때였다.

장르별로 나뉜 그 빨간 USB 12개는 새삼 설렘을 안기는 12송이의 장미꽃과 같이 내 곁에 머물며 내 생활에 윤기를 안겨줬다. 그 USB 장미를 만들어 친구들에게 선물한 사람이 바로 이 책의 저자 송두진 씨다. 남편 친구중에 이런 감성을 갖고 있으며 그것을 벗들과 나눌 마음을 갖은 사람이 있다는 것이 놀랍고 반가웠다.

그 후 조국 사태가 일어났고 태극기 집회라는 광화문 인파가 형성됐다. 난 도대체 자식에게 무엇을 가르치려고 이런 엄청난 비리와 거짓을 만든 그 교수 부부를 이해할 수 없었다. 부글거리는 내 생각은 분노로 바뀌었으며 마침내 광화문 인파 속에 몸을 담그게 되었고 그 무리 속에서 마침내 송두진 씨를 만나게 되었다.

연일 태극기 집회에 참여한 남편을 통해 송두진 씨가 고교연합이라는 단체를 결성했다는 이야기를 들었다. 대한민국의 근·현대사를 온몸으로 체험한 중늙은이부터 청년들까지 남녀노소가 다 모인 전국적 규모의 단체였다. 어떻게 이런 조직을 만들 수 있을까, 하는 감탄보다 그 모임이 있어 우리나라가 제 자리를 찾아가게 되리라는 꿈을 가꾸게 되는 시작이었다.

시간이 분노와 희망이 교차되며 흘러가는 중 남편은 작은 책 한 권을 들고왔다. 대학시절의 전공과 현장 업무에서 배운 이론과 현실을 바탕으로 송두진 씨가 만든 책이란다. 탈원전의 결과와 우리나라 원전 기술의 탁월함은 물론 다양한 분야별로 숫자로 도표로 표기한 놀라운 책이었다.

신문을 보며 세상 돌아가는 것을 알고 있던 나는 그런 전문적 내용을 이해할 수 없었지만 그 놀라운 집념과 열의를 갖은 사람이 송두진 씨라는 것을 알고 놀라지 않을 수 없었다. 도대체 이 사람의 하루는 몇 시간이기에 연일 고교연합 집회에 나가며 또 이런 책을 쓸수 있었을까. 놀라움은 경외심으로 바뀌었다.

나는 늙어간다는 말을 싫어한다. 다만 시간을 쌓아갈뿐이라 생각한다. 헌데 이 나이에 이런 사람을 가까이 할 수 있다니. 시간을 먹어가며 숙성된 최고의 와인같은 사람. 나는 남편을 통해 값을 측정할 수 없는 고가의 와인같은 사람의 이야기를 들으며 많은 생각을 했다.

70 허리를 넘어 80을 바라보며 내 생각의 화두는 잘 늙는 것이다. 흔히들 Well Being, Well Ageing, Well Dying을 말한다. 난 Well Ageing에 몰두했다. 그러나 이 세 단계는 독립된 게 아니다. Being이 Ageing을 만들고 Ageing이 Dying을 만든다. 송두진 씨의 Well Ageing은 그의 Well Being을 뿌리로 하여 발전한 것이리라.

이번에 출간된 이탈리아 맛기행은 또 다른 송두진 씨를 알게 한다. 그 부부의 여행기는 부러움의 대상이 아니라 마땅히 받아야 하는 기쁨이며 그의 삶의 결실이다. 여행을 하다 보면 어디서 무엇을 먹을까하는 고민이 크다. 그곳에서만 즐길 수 있는 음식과 장소를 안다면 여행준비의 반은 공부해논 셈이다.

이 책에서 얻은 정보와 느낌은 개인 여행이든 단체여행이든 모두에게 만점이다. 여행 참고서인 셈이다. 여행은 돈과 시간이 필요한 조금은 거창한 일이다. 그러나 치밀한 계획은 시간과 돈을 절약해준다.

부모님께 이 여행을 주선하고 앞장서서 인도한 저자의 따님은 추억을 산 셈이다. 추억이 많은 사람은 외롭지 않다. 소가 쉬는 시간에 입을 우물거리며 되삭임하듯 언제 어디서든 추억의 하나를 꺼내 잘잘이 되삭임하다 보면 삶이 아름답다는 가치를 새삼 깨닫게 되며 저절로 행복해진다.

아름다운 부부, 멋진 가족, 그 중심에는 아버지인 송두진 씨가 있다. 지성과 감성으로 잘 비벼진 사람. 사랑을 알고 그것을 나누는 기쁨을 아는 사람. 그의 곁에는 늘 조용한 미소로 남편을 바라보는 겸손하고 예쁜 아내가 있다. 부모를 사랑하고 존경하는 아들 딸이 있다. 이들의 성숙된 조합은 모든 구성원의 작고 큰 노력이 모여 이루어졌으리라.

가까이에 겸손하고 성숙된 송두진 씨가 있어 우리 부부도 덩달아 행복하다. 행복한 것은 잘 사는 것이다. 잘 산다의 잘은 부유함이 아니다. 바르고, 나누는 삶. 그것이 잘 사는 것이라 생각한다. Well Being이 Well Ageing 을 만들며 Well Dying을 맞게 하겠지. 믿고 싶다. 송두진 씨 가족에게 박수를 보낸다. 축하합니다. 존경합니다.

2023년 3월 25일
향수산 기슭에서 봄을 기다리며
최 일 옥 (소설가)

• 레 키우제 (Le chiuse) 와이너리 뒤로 보이는 발도르차 평원

이탈리아 남부 미식여행을 다녀오며
여행기로 소중한 추억을 남깁니다.

그동안 여행을 다녀오고 난후에 느끼는 허전하고 아쉬운 마음은 저의 혼자만이 가지는 감정은 아닐꺼라 생각합니다.

날이 지날수록 기억속에서 어슴푸레하게 지워져가는 여행당시 아름다운 추억들을 반추하며 아쉬움과 허전함에 젖곤합니다.

그래서 어느땐가 부터 여행기를 쓰게되었습니다.
여행에서 느끼는 소중한 경험과 추억을 글로 남겨 잊지않고 오래오래 간직해야 되겠다고 생각했습니다.

10년전 신간센 열차로 일본전역을 3주동안 종주하는 자유여행을 하며 쓰기 시작한 여행기가 그후 나의 버킷 리스트 (Bucket List)였던 30일간 미국대륙 일주여행기를 비롯하여 인도 여행기, 일본 료칸 여행기 등등 여행기로 이어졌습니다.

그러다 코로나19 팬데믹 4년의 칩거하는 동안 여행은 감히 생각도 못하며 다만 계획만

세우고 있다가 드디어 어느정도 팬데믹이 풀려 이제 이탈리아 남부 미식여행에 도전하게 되었습니다.

이 모든 기획을 딸내외가 우리 부부를 위해 2년전서 부터 세웠고 항공편을 위시하여 현지 호텔은 물론이고 빌라, 유람선, 가는 여행지마다 맛집, 와이너리, 등을 모든 일정계획에 따라 예약을 사전에 해 놓았습니다.

이러한 값진 여행을 소중한 추억으로 오래 오래 간직하고 싶고 또한 딸내외의 정성어린 노력에 대한 고마움을 여행기로 나마 남겨 보답하고저 여행기를 정성을 다하여 열심히 쓰게 되었습니다.

아직도 5년째 코로나19 팬데믹의 고통으로 인해 우리 모두 일상의 어려움에서 벗어나지 못하고 있습니다.
마음이 힘들어 하는 모든 분들께 저의 졸필(拙筆)로 쓴 여행기가 다소나마 마음의 위로와 힐링이 되어 드릴 수 있으면 합니다.

2023년 4월
송 두 진(宋斗鎭) 드림

Contents 목 차

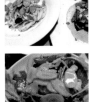

이탈리아 남부 와인과 함께하는 미식여행 *01*

• ITA 이탈리아 항공 보딩패스 수속

이탈리아 로마

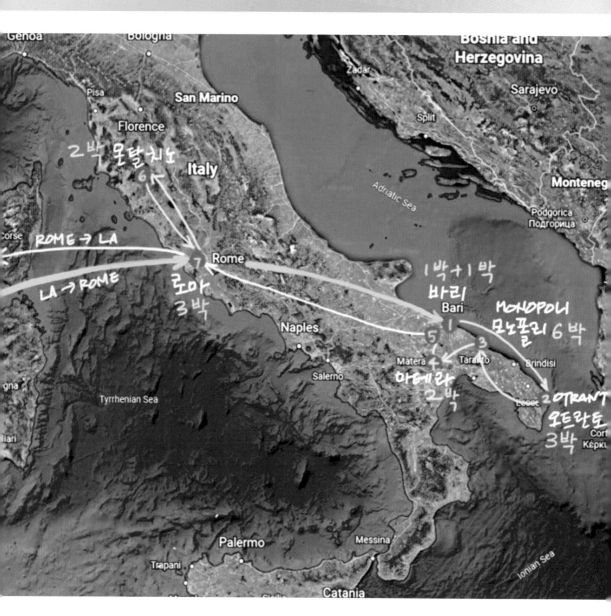

LA공항 입구 고속도로

어제 고국에서는
추석 명절밤에 만개한 보름달을
보았겠지만 이곳 캘리포니아 지역은
반년이나 가뭄이 계속되다가
어제 단비가 내리는 이변이 있었다.
그래서 한결 가볍고 상쾌한 마음이다.

나는 24일 전에 이곳 켈리포니아
산타모니카에 미리 도착해
코로나 펜데믹 때문에 오랫만에찾은
이곳에서 곧 떠나게 되는 유럽여행
준비를 하며 휴식 해 왔다.

오늘 여행은 딸 부부와
우리 부부 네사람이 함께하는 여행으로
딸이 2년전 코로나가 한참이던
2020년 가을, 이때쯤 코로나가 종식 될것을
예상해 기획한 여행이다.

이미 1년전에 항공편 및 현지 호텔, 빌라,레스토랑,
유람선 등 각종 여행 상품을 예약했다.
그동안 계속되는
코로나 펜데믹이 하루속히 종식되기만을
노심초사 마음 졸이며 기다렸는데
오늘 드디어 장도에 오르게 되었다.

• LA공항 경내 도로

• LA공항 출국장 앞에 parking 한다

로마 → 바리
비행기

바리 → 로마

① 바리 1박

③ 모노폴리 6박

35 MIN. 점심

⑤ 바리
1박

ALBERO BEDLO

오스투니

② 바리 → 로마

⑥ 공항에서
렌트카로
몬탈치노 (토스카나)

④ 마테라
2박

점심

② 우트

 20일간 여행 루트

① → ② 바리 → 오트란토 2.5 시간

② → ③ 오트란토 → 모노폴리 2.5시간

③ → ④ 모노폴리 → 마테라 1.5 시간

④ → ⑤ 마테라 → 바리 1.5 시간

＊ 바리 → 로마 비행기 1 시간

• 공항 입구

이번 여행은 여행객이 많이 찾는
북부 이탈리아와는 달리
여행객이 덜 찾는 이탈리아 남부지방을
주로 여행하고 일부 중부지역도
함께하기로 했다.

이탈리아지도에서 남동쪽 부츠 뒤꿈치에
해당하는 해안 지역인 풀리아(Puglia)
지방과 남중부에 있는 육지지역과
중부지역의 투스카나(Toscana)지방을
여행할 예정이다.

아드리아해 해안지역인
풀리아의 아름다운 해안 경관과

• ITA 이탈리아 항공 보딩패스 수속

토스카나의 아름다운 평원의 자연 경관과 함께
와인의 고장인 이곳에서 생산되는
여러 종류의 와인과 함께하는
다양한 정통 요리를 맛보는 20일간의
미식여행이며 휴양여행으로 기획 하였다.
2013년 CNN은 세계 최고의 요리로
이탈리아 요리를 선정했다.

그중 풀리아 (Puglia)는
지중해 연안과 인접한 지역으로
신선한 해산물 요리가 발달한 곳이다.
지역 특산물인 올리브와 토마토,
모짜렐라 치즈나 해산물을
활용한 요리가 많다
세계적인 올리브 생산지이기도 하며
포도와 아몬드 생산으로도
잘 알려져 풍부한 자원을 자랑하는 지역이다.

평소에 건강식인 이러한 지중해식 음식을
좋아해 이번 여행이 더욱 기대가 된다.
이번여행은 관광지를 찾기 보다
이탈리아 남부 풀리아지역과 일부 중부

토스카나 지역의 자연 그대로의 원초적인
풍광에 몸을 맡기며 그곳의 고유의 음식과
와인을 즐기려는 미식, 휴식 여행이다.
오늘 출발 공항인 로스앤젤레스 공항은
로스앤젤레스의 도시 규모에 비해 비좁은
규모인데 취항하는 항공사 수는
태평양 해안 지역에서는 가장 많다고 한다.
그래서 공항 혼잡도가 대단한데
지금 계속 확장공사를 하고 있어
더욱 혼잡하다.

쾌적하고 현대적인 최신 시설을 갖춘
인천국제공항과 비교하게된다.
특히 공항운영면에서 보면
대한민국의 저력을 다시한번 느끼게 된다.

공항 입구에서 공항안에 까지 자동차로
30분이상 걸리기가 다반사라 한다.
그럼에도 우리는 아침 일찍부터 부지런히
서두른 덕에 다행히 제시간에 공항에
도착 할 수 있었다.
여러개의 보안검색대가 있긴 하지만,

미국 특유의 여유만만하고
느리고 답답한 처리와 동시에 좁은터미널을 통해
전 세계 각국으로 가려는 수요가 합쳐져
무척이나 답답함을 느끼지 않을 수 없다.
이런 가운데도
우리는 제시간에 무사히 출국수속을 마쳤다.

오후 3시15분 로스엔젤리스발
로마행으로 예약된 ITA 이탈리아
항공의 보딩 패스를 받고 출국장으로 들어갔다.
그리고 점심을 먹기위해 ITA와 제휴가
되어있는 대한항공 라운지로 갔다.
KAL 라운지는 탐 브래들리 국제선
터미널 5층에 있었다.

• KAL 라운지

다양한 면세점이 모여있는
탐 브래들리 국제선 터미널 전경이
한눈에 보이는 전망을 가지고 있다.
KAL 라운지 뷔페에는
다양한 음식들이 준비되어 있다.

신선한 과일과 채소 부터 샌드위치,
치킨 버펄로 윙과 후라이드 라이스,
신선한 치즈, 도마토 조합의
마르게리따 피자 등 심지어 라면까지
준비되어 있었다.

• KAL 라운지

• 탐 브래들리 국제선 터미널 전경이 내려다 보인다.

• KAL 라운지

• ITA KAL 라운지 뷔페

• ITA KAL 라운지 뷔페

주류도 맥주에다 화이트와인,
래드와인, 여러 종류의 위스키 등이
잘 준비되어 있었다.

나는 우선 식전주로 화이트 와인 한잔,
래드와인 한잔을 가지고 왔다.
비행기 타면 기내에서 식사를 주니까
점심은 간단히 먹을 생각으로
야채와 과일 약간씩과 파스타와 볶은 밥
약간씩 그리고 치킨 한쪽만 가지고 왔다.

점심후 한 1시간동안
KAL 라운지에서 휴식을 하며
기다리다 오후 3시15분 로마로
출발하는 이탈리아 항공에 탑승 했다.

장장 12시간을 비행하는 긴 여정이다.
이탈리아 항공에 탑승하는 순간 부터
이탈리아 미식여행이 시작 되었다.

이탈리아인은
잘 먹는 국민으로 알려져 있다.
《풀코스》에서는
먼저 《식전주》로 위를 적당히 자극하고

• ITA KAL 라운지 뷔페

• ITA KAL 라운지 뷔페

• 탑승구 가는길

• ITA 항공기 창가에서

• ITA항공기 기내 좌석에서 이륙을 기다린다.

〈안티파스토〉전체요리,
〈프리모 피아토〉첫번째 요리로서,
수프 또는 파스타류, 리조토가 나온다,
〈세콘도 피아토〉두번째 메인요리로서
고기나 생선 등의 주된 요리가 나온다,

그리고 〈식후 디저트〉로 야채요리,
야채샐러드 및 치즈,과자,과일,커피,
식후주로 이어지는데
〈식사중〉에는 빵과 와인이
처음부터 끝까지 같이있게 된다.
다만 이러한 식사는 손님을 접대하는
특별한 경우에 많다고 한다.

미식 국가 이탈리아 답게 항공
기내식도 남다르다.
기내식으로 우선 식전주로
스파클링 샴페인을 주문했다.
에피타이저, 전채(前菜)요리로는
버섯소스를 곁드린 감자파이와
정통 치즈를 곁드린 이태리식 호박파이,

24

그다음에 훠스트 코스로 신선한 도마토와
바질소스 파스타가 나왔다 ,

세컨드 코스로는
생선요리등 세가지 종류의 메인요리중
화이트와인 소스로 입힌 로즈마리감자와 버섯을
깃드린 닭 가슴살 요리를 택했고,
마지막 코스로
여러종류의 디저트음식 선택사항중
슬라이스된 신선한 계절 과일 접시를
택했다.

이렇게 4단계로
식사를 가져다 주는데
각 단계의 음식들이 하나같이
정성을 들인 음식들로 전채(前菜)요리는
입맛을 돋구는 풍미가 있었고
특히 메인요리인 닭 가슴살 요리는
짭쪼름한 맛으로 시작하는 처음 맛보는
혀에 당겨오는 풍미는
지금까지도 입안에 남아 있는것 같았다.
과연 미식 국가 이탈리아
다운 요리라고 생각된다

• 식전주 샴페인과 두가지 전채요리

• 첫번째 코스 파스타

• 두번째 코스로 메인요리인 닭 가슴살 요리

• 마지막 코스로 디저트음식인 계절과일 셋트

• 청명한 하늘아래 평원에 펼쳐진 올리브나무 농장(구글 인용)

• 평원에 펼쳐진 올리브 나무 농장(구글 인용)

이탈리아 남부 와인과 함께하는 미식여행 *02*

• 호텔 룸에서 바라본 바리시내 전경

로마 ➡ 바리

• ITA 이탈리아 항공기 (구글에서 인용)

그동안 편안히 잠을 자고 일어나니
12시간 긴 비행시간이 다 된것 같았고
승무원들이 분주히 아침을
준비하고 있었다.
우선 화장실부터 다녀오며 간단히
양치질과 고양이 세수를 하고 자리로 돌아
오니 식전 음료수를 가져다 주었다.

로마가 LA보다 9시간이 빠르니
지금까지 9시간쯤 비행을 해 와 그 다음날
아침 9시쯤 되었고
이제 오후12시15분 도착시간이
3시간 정도 남았다.

• 아침 조식

어제 낮에 풀 코스 기내식은 맛있게
잘먹었는데 아침식사는 식욕이 없어 대충
먹었다. 오랜지쥬스, 과일 요구르트,
따뜻한 두종류의 브레드, 체리, 토마도와
구운 베이컨을 곁드린 치즈와
시금치 믹스 오므렛, 신선한 계절 과일,
에소프레스 커피 가 나왔다.

드디어 여행 2일째 되는날
오후 12시15분 로마 레오나르드 다빈치
국제 공항에 도착했다.

• 로마 레오나르드 다빈치 국제 공항

• 로마 레오나르드 다빈치 국제 공항 입국장

• 로마 레오나르드 다빈치 국제 공항 입국장

이 공항은 이탈리아의 국제공항으로
로마 시내에서 약 35km 떨어진
라치오주 피우미치노에 있어서
피우미치노 국제공항으로 부르기도 한다.
3,200m 이상의 활주로 3면에 터미널도
5개나 있는 상당히 큰 공항이다.
공항 시설은 대체로 깔끔하고 좋았다.

또 얼마나 입국수속 하는데 애를 먹을까

걱정이 앞선다.

그런데 우려대로 많은
도착 항공기에서 쏟아져 나오는 수많은
인파를 보고 아연 할 수밖에 없었다.
어느새 입국 심사장으로 향하는
입국장을 꽉메우며 인파의 홍수를 이뤘다.

줄이 엄청 길고 일 처리 속도도 느리고
심지어 줄이 엄청나게 긴 와중에도
몇몇 창구는 비어 있다.
그런 많은 인파속에서 난감 해 하며
걷고 있는데 다행히 미국 한국, 일본,
영국, 불란서, 독일 등을 비롯한
몇몇 국가 승객들은 E-Gates로 가라는
안내 문구가 보여 그쪽으로 가서
쉽게 심사를 마치고 입국할 수 있었다.

다시한번 국력의 힘을 절감하게 된다.
이제 대한민국은 완전히 선진국 대열에
들어 섰음을 실감 할 수 있었다.

• 로마 레오나르드 다빈치 국제 공항

• ITA 항공 VIP 라운지 접수구

• ITA항공 VIP라운지

로마 피우미치노 공항은
이탈리아에서 최초로 E-Gates를
설치한 공항이라 한다.
국제선의 경우 여권 통제를 위한 디지털 게이트.
E-Gates를 사용하면 문서 확인
시간을 줄일 수 있다.

실제로 여행자가 자동 게이트에
도착하면 스캐너에 여권을 올려놓기만
하면 된다. 그러면 여행자의 얼굴
이미지가 스캔되어 여권 칩에 저장된
이미지와 비교된다.

로마공항에서 다음 행선지 바리를
가기위한 비행기 탑승시간이
오후 5시20분으로 5시간 정도 공백이
있어 당초 고속철도로 로마가서
점심식사하기로 한것을 취소하고 그냥
ITA 항공 VIP 라운지에서
점심하며 Bari행 비행기 출발시간
5시간 공백을 때우기로 했다.

우리는 라운지에서 느긋하게
간단한 점심식사와 음료수를 마시며
휴식시간을 가졌다.

• 신선한 패스트리, 샌드위치, 샐러드, 다양한 간식과 식사가 준비되어 있다.

• 신선한 패스트리, 샌드위치, 샐러드, 다양한 간식과 식사가 준비되어 있다.

라운지에는 신선한 패스트리, 샌드위치, 샐러드, 다양한
간식과 식사, 주류, 무알콜 음료들을 즐길 수 있었다.

탑승 시간이 거의 다가와 출국 탑승구까지 2km로
좀 먼 거리라 구내 승객운송차량을 이용 하여
출구 게이트까지 이동했다.
오후 5시20분 ITA국내선에 탑승하여
바리까지 1시간정도
걸린다. 공중에서 내려다보는
이태리 남부 지형
넓은 평야위에 펼쳐지는 야산에는 나무가 없어
우리 나라와는 사뭇 다른 풍경이었다.

평야는 간간히 풍력 발전기 들이 보였다.
바리지역은 올리브 최대 산지답게
펼쳐지는 넓은 평야를 목초지 아니면
올리브 나무들로 덮혀졌다.

• 청명한 하늘아래 평원에 펼쳐진 올리브나무 농장(구글 인용)

• 평원에 펼쳐지는 광활한 목초지

• 평원에 펼쳐진 올리브 나무 농장

• 평원에 펼쳐진 올리브 나무 농장(구글 인용)

1시간 남짓후에 바리공항에 도착했다.
우리여행의 제일 목적지가
풀리아주 (Puglia)로 이탈리아 동남부에 있으며
면적 19,345 km2,
인구 4,071,518 동쪽으로 아드리아 해,
동남쪽으로 에게 해,
서쪽으로 타란토 만에 면하고,
남쪽에는 이탈리아의 부츠의 뒷굽에
해당하는 살렌토 반도가 있다.

오늘 도착한 바리(Bari)는
풀리아주의 주도이며 인구 328,458.
이탈리아 반도 동남부,
아드리아 해에 면하는 항구도시이다.

우리는 바로 공항내에 있는
렌터카 회사에서 렌터카를 대여 해서
20분 거리의 바리시내
니콜라우스호텔로 향했다. 오면서
공중에서 봤던
넓은 평야의 올리브 나무들이
처음 접하는 정겨운 풍경으로 다가왔다.
중간에 길을 잘못들어 30여분만에
호텔에도착했다.

• 바리 니콜라우스 호텔

• 바리 니콜라우스 호텔 객실

• 바리 니콜라우스 호텔 객실

호텔 체크인 후 간단히 샤워를 하고
오후 8시경 호텔에서 걸어서
10분 거리에 있는 오래전에 예약된
MATSU라는 남부이탈리아의 폴리아식
스시집으로 갔다.

이태리 남부에선 원래 풍부한
해산물회를 평소에 많이 먹으며
오늘이 스시식당도 일본 스시를 모방한것이
아니고 독자 개발한 스시로서 이들은
다른 명칭으로 부르고있다.

우리는 이곳의 인기 요리인
참치,연어, 딱새우(일명 새우게)등의
모듬회와 다른 몇가지 스시 그리고
Matsu에서 개발한 볶음우동인
킬러우동을 주문했다.
맛이 죽여준다해서 킬러 우동이라는
이름을 붙였다 한다.

오늘 주문한 와인은
생선 종류 음식에 적합한
신선한 풍미의 로제 와인인 트라마리
로제와인(TRAMARI ROSE WINE)으로
이탈리아 풀리아 살렌토 지역의
산 마르짜노(San Marzano)에서
생산한 와인으로 알코올은 12.5%로

• 스시집 MATSU 현관

• 트라마리 로제와인(TRAMARI ROSE WINE)

• TRAMARI ROSE WINE 은 2020 국제 로제 챔
피온 쉽에서 실버상 수상 등 2017년 2019년에도
수상 경력 있음

오늘 음식에 아주 적합한 와인 이다.

이탈리아에는 지방마다
전통음식이
있듯 지방을 대표하는
와인도 있다.

풀리아 지역의 와인은 깊은
향과 맛에 비해서 알코올 도수가
높지 않으며 약간의 탄산성이
있는 것이 특징이다.

• 스시 MATSU 식탁

• 모둠회

• 풀리아식 생선초밥

• 볶음 우동

모둠회는
정말 갓 잡아온것 같이 너무 신선했고
처음보는 딱새우는 우리가 보는 커다란
일반새우에 신기하게도 게다리가
붙어있어 약간은 거부감이 들어
회로 먹기가 선뜻 내키지 않았다.

우리처럼 초고추장에 먹는것도 아니고
이사람들은 생선회를 무조건 래몬즙을
짜서 먹는데 신기하게도
전혀 비린맛이 안나고 먹을만했고
오히려 신선한 맛이다.

킬러우동은
이름 그대로 맛이 정말 기가막히다.
처음 맛보는 새로운 맛과 함께하는
맛있는 고소한 맛이 온통 입안에
가득찬 느낌이다.

연어 새우등 각종 해산물을 넣어서 볶은
우동으로 우동을 살짝 눌러서 볶아서
누룽지 맛의 고소한 맛에다
볶은 해산물에서 나오는 풍미와
어우러져 처음 맛보는
새로운 맛이 창조되었다. 두고두고
생각날것 같은 맛이다. 정말 새로운 경험이다.
킬러우동 다였다.

이곳에선 드물게 볼수 있는
아주 깔끔하고 현대적인 스시 맛집이다.
신선한 좋은 품질의 재료를 사용한
일본요리와 풀리아식 생선 요리의 완전한 융합이다.
참치회도 그렇고 연어회는
입에서 살 살 녹았다.
생선을 신선하게 정말 잘 숙성시켰다.

이탈리아 와서 처음 찾은 맛집이다.
처음부터 이런 맛집을 맞게되어
앞으로의 맛집 탐방 미식여행이
더욱 기대 된다

• 니콜라우스 호텔 데스크

남부 이탈리아가 북부 처럼
인기관광지가 아니라서 그런지
우리가 들어 있는 이 호텔도 바리에서는 크고
좋은 호텔인데도
호텔 로비가 관광객이라고는 우리만
있는것 같이 한산 했다.

북적이는 곳을 피하고 조용한 여행을
하고 싶은 관광객이 주로 찾는 지역이
남부지역이라 한다.
그래서 그런 관광객들만 오게되니
그런것이 아닌가 생각된다.

• 호텔 룸에서 바라본 바리시내 전경

• 호텔 룸에서 바라본 바리시내 전경

• 오토란토성

이탈리아 남부 와인과 암페아는 미식여행 03

• 호텔 객실에서 바라본 오트란토 해안

바리 ➡ 오트란토

• 니콜라우스 호텔 조식 식당

오늘은 오후에 풀리아(Puglia) 여행의
거점도시 바리(Bari)에서
하루만 묵고
최남단 이탈리아의 부츠 굽 끝쪽에 있는
해변도시 오트란토(Otranto)로 갈
예정이므로 우선 오전에
바리(Bari) 올드타운을 방문 하려한다.
그리고 바리는 여행 후반부에
다시 찾을 예정이다.

묵고 있는 바리 니콜라우스 호텔
(Nicolaus Hotel Bari)에서 일찍
아침식사후 바리 올드타운으로 향했다

잠시후 아드리아해안에 있는
바리항구내 공용주차장에 주차하고
10여분 걸어서
바리올드타운에 들어갔다.

• 아드리아해가 너무 아름다운 바리 항구

• 아드리아해가 너무 아름다운 바리 항구

• 아름다운 아드리아해 바리항구를 뒤로하며

• 바리 올드타운

올드타운 골목마다
수백년간에 세월의 흔적이 남아 있다.
수많은 사람들의 삶의 흔적과
애환이 묻혀있는곳,
미로처럼 이어지는 좁은 골목이
우리에겐 너무나 생경스럽고 경이롭다.

이런 골목 양쪽으로 빽빽히 줄지어
늘어선 세월에 때가 흠씬 묻혀있는 낡은
건물들에 수백년을 대대로 이어 살아온
원주민들이 아직도 살고 있다.

골목 여러곳에 현지 주민들이
귀모양 파스타를 만들어 팔고 있는것을
보려고 많은 관광객들이
몰려 있고 만들어 놓은 파스타도
사고 있다.
우리도 만들어 놓은 파스타를 샀다

또 미로같은 골목길을 찾아서
이곳에서 유명하다는 피자집 '포카치아'를
찾았다. 피자집앞에 줄지어 늘어선
관광객들 틈에 우리도 함께
줄 서서 기다리다 피자 2판을 샀다.

• 바리 올드타운 골목길

• 현지주민이 귀 모양 파스타를 만들어 팔고 있다

• 현지주민이 귀 모양 파스타를 만들어 팔고 있다

피자맛이 그토록 고소하고
맛있는것이 여태까지 맛본 피자와
많이 다르다. 굉장히 맛이 있다.
관광객들이 줄지어 늘어 선 이유가
있었다.

이렇게 오전동안 올드타운 관광을
마치고 어제 하루 묵었던 호텔에서
체크아웃을 하고
다음 행선지 오트란토로 향했다.

우선 가는 중간에 1시간 거리에 있는
풍광이 좋은 해변가에 성게알회로
유명한 식당 'Oasi del Riccio'에서 점심을 하기
위해 식당으로 향했다.

과연 해변가에 풍광이 좋은 곳에
있는 식당인데 벌써 많은 사람들이
자리를 하고 있었다.

오늘따라 약간에 파도는 있었지만
푸른빛 아드리아해가
강렬한 태양햇살에 파란 하늘빛이
바닷물에 투영된듯 맑은 바다빛이 너무나

• 포카치아 (바리 올드타운 유명 피자집)

• 포카치아 (바리 올드타운 유명 피자집)

• 포카치아 피자집

• Oasi del Riccio 식당

파랗고 청명하다

이 집의 대표메뉴인
성게알회 한접시와 새우등 선생회와
몇가지 에피타이저를 시켰다.

메인 요리로는 인기메뉴중
딸내외는 성게알 파스타를 시켰고
우리내외는 각종 해산물이 들어간
해산물 파스타를 시켰다.

오징어 새우 멸치같이 보이는
작은 물고기 튀김도 함께 주문했다.
오늘 주문한 와인은

• Oasi del Riccio 식당앞 해안가

• Oasi del Riccio 식당

• 오징어 새우 멸치 볶음

• 성게회 새우회 등 에피타이저

어제 저녁 바리 스시집 Matsu에서
주문했던 생선 종류 음식물에 적합한
신선한 풍미의 로제 와인인
트라마리 로제와인
(TRAMARI ROSE WINE)을 주문했다.

성게알 회는 성게를 알이 노출되도록
까서 한접시 내오는데 그러면
바게트빵을 성게알을 찍어서 빵과함께
먹는데 그맛이 또다른 별미 였다.

그리고 두가지 파스타를
나눠 먹었는데 면이 덜익힌 느낌이
나게 삶아 그맛이 감칠맛이 있었는데
나는 해산물 파스타가 더 맛이 있었다.
여지껏 먹어본 파스타중 제일
괜찮은것 같다.

더운 날씨인데도 시원한 바닷바람과
아름다운 아드리아 해변 경치에
이곳 식당의 음식들이 입으로 눈으로
더욱 맛이 있었다.

우리는 두시간정도를 그곳에서 머물다
다시 3시반에 목적지인 오트란토로
향했다. 가는 고속도로가
가끔가다 왼쪽에 아드리아 해변을 끼고

• 트라마리 로제와인

• 파스타

• 올리브 농원

달리다 다시 육지로 들어 서는 등
도로 로선이 이어지고 있다.

지난번에 로마에서 바리로 올때에
국내선이라 그런지 항공기가 고도를
낮게 낮추어 날고 있어
지상에 펼쳐지는 육지를 흥미롭게
보면서 왔다.

그때 보던 이탈리아 중부지방의 모습은
평야도 있지만 산악지대가 간간이
보였는데 오늘 자동차를 타고가며
보는 남부지방 육지의 모습은 사뭇 달랐다.

우리 여행의 주 목적지인
이탈리아 남부 풀리아주는 산이
거의 보이지 않았다.
이곳 영토의 53%는 평야,
45%는 언덕으로 이루어져 있다.

이렇게 평야와 언덕으로 이뤄진 곳에
올리브나무와 포도나무들
그리고 목초지와 농경지로 이뤄졌다.
올리브 나무숲은 전 세계 사람들의
관심을 끌고 있다고 한다.

이와같이 바리에서 더 남쪽로
내려가는 동안 산악지대는 전혀
보이지 않고 넓은 평야만 보이는데
벌판을 올리브나무로 메우다시피하고
중간중간에 포도밭이 보이고
농작물 재배지 또는 목초재배지로 계속
연결되는것을보니
이탈리아 남부지방이 농경지와 해산물
주생산지라는 것을 실감할 수 있었다.

이곳에서 생산되는 올리브가
전세계 생산량의 70%를 생산한다고 한다.
목적까지 1시간 50분이 소요되어
5시20분쯤 오트란트(Otranto)해변에

• 올리브 농원

• 오트란토 위치도 (붉은색)

• 오트란토 해안

• 오트란토 해안

• 오트란토 해변

있는 벨라비스타 호텔
(Hotel Bella Vista)에 도착했다.

풀리아(Puglia)지방에서
절대 빼놓을 수 없는 아름다운 해변과
볼거리 먹거리 풍성한 관광지
오트란토 항구,
항구이긴 한데, 요트항구로 어선들이
정박하지 않아서 일반 항구처럼
생선 냄새가 나거나 바닷물이 오염되지
않고 매우 깨끗하고 맑다.

항구 초입 작은 해변은 매우 얕고
물도 너무 깨끗하고 바닥은
하얀 모래로 깔려저 있고 사람들도

• 오트란토 해안 바로앞에 있는 호텔 객실

• 오트란토 해안 바로앞에 있는 호텔 객실

• 호텔 객실에서 바라본 오트란토 해안

붐비지않고 한적해서 수영하고
휴식하기에 너무 좋다.

호텔은 오트란토의 아름다운 해안가
바로앞에 위치해 내가 묵는
호텔방 눈앞에 해안선이 펼쳐져
너무나 뷰가 좋은 숙소라
매우 만족 스럽다.

더욱이 이 호텔이 작년에 새롭게
리모델링을 하며 단장을 해
너무나 깨끗하다.

우선 우리는 샤워를 하고 오후에
간단히 오트란토 시내 관광을 하려
했으나 앞으로 이곳에 3일간을 머물게
되어 있어 다른날로 미루고
오늘 저녁은 또 특별한 만찬이
계획되어 있어 샤워후에 남은 시간은
휴식을 갖기로 했다.

• 호텔 객실에서 바라본 오트란토 해안

• 호텔 객실에서 바라본 오트란토 해안

• 호텔 객실에서 바라본 석양에 오트란토 해안

• 호텔 객실에서 바라본 석양에 오트란토 해안

• Corte del Casaro식당 정문

오후 8시 예약 시간에 맞춰
10여분 거리에 있는 유명한 식당인
'Corte del Casaro'로 갔다.
이 식당은 이곳에서 이름난 맛집으로
풀리아식 meat를
전문으로 하는 식당이다.

요며칠을 해산물 위주로 식단을
했기에 오늘 저녁에는 이곳 특유의
방식인 육식식당 'Corte del Casaro'가
무척 기대 된다.

우리 네사람은
우선 에피타이져로
두개의 야채사라다와 이집 특유의
에피타이져 요리 한접시를
시키고 메인 요리는
각자 입맛대로 시켰다.

나는 소고기 돼지고기 닭고기가
함께 그릴된 요리를 시켰고
나머지 사람들은
각각 소고기 스테이크, 양고기 그릴
등을 시켜 맛있는 저녁 만찬을
이곳지역에서 생산된 래드와인과
함께 즐겼다.

• Corte del Casaro 식당

• Corte del Casaro 식당

주문한 와인 'Torcicoda'는
Primitivo 포도를 100% 사용하여
Tormaresca에서 생산한 와인이다.
이 지역 풀리아 산으로
알코올 14%로 육류에 적합한
와인이며 부드럽고 풍부하며 쾌적하고
우아한 풍미를 발산한다.
저녁식사 육류식에 적합한 와인이다.

• iCorte del Casaro 식당식 전채 요리

• 소고기 돼지고기 닭고기 그릴

• 소고기 스테이크

• 양고기 그릴

• 래드와인 Torcicoda

식사를 끝내고 식당문을
나서는데 난데없이
예쁜 노란 새끼고양이 한마리가
우리 일행에게 다가오며 다리에 감겨들며
갖은 애교를 부리는 데 어찌나 귀엽고
신통해 보통 고양이같지 않았다. .
이곳에 오는 손님들한테 모두 그러는지
그놈 정말 신통한 고양이었다.

• 오토란토성

• 오토란토성

• 어린 고양이의 귀여운 재롱

• 어린 고양이의 귀여운 재롱

우리일행은 식당에서 나와
호텔주차장에 차를 세워놓고
호텔 바로 옆 주위에 있는
오트란토 성안에 관광 상가가
밤 늦게까지 열리고 있어 그곳으로 갔다.
오트란토성은
1480년 오스만 함대의
나폴리왕국 침략으로 오트란토전투가
치열했던 역사적인 장소이다.

밤늦은 시간인데도 관광상품 골목에는
관광객들이 산삼 오오 산책을
즐기고 있다.
그곳에 젤라또 아이스크림 가게가 있어
산책겸 구경삼아 천천히 한바퀴 돌며
아이스크림을 먹고나니
시원한 밤 바닷바람이 더 시원했다.

• 오토란토 성곽안 관광상가

우리는 내일모래 수영할
호텔 옆 해변가도 내려다 보았다.
밤인데도 바닷물이
어찌나 맑고 투명하던지
모처럼의 해수욕이 정말 기대 된다.

• 오토란토성

• 오토란토성안 관광상가

• 오토란토 밤 해안가

• 해수욕장에서 주차장 가는 숲길

이탈리아 남부 와인과 함께하는 미식여행

• Baia del turco peschia 해수욕장

이탈리아 오트란토

• 우리가 투숙하고 있는 해안가 바로 앞 벨라 비스타 호텔의
전망 좋은 2층 객실

• 오트란토 항구를 뒤로하며

오늘은 여행 4일차 되는날 이다.
어제는 밤늦게까지
호텔주위 관광지를 서성이다.
늦게 잠을 자다보니
아침 10시까지 늘어지게 자고
호텔에서 주는 아침밥도 스킵하고
11시경서 부터야 계획된 일정에 나섰다.

오늘은
풀리아지역 레체 (Lecce)에
있는 멜렌 두뇨(Melendugno)에
토레 산안드레아(Torre sant' andrea)와
그로타 델라 포에시아
(Grotta della Poesia) 관광에 나섰다.

해안길 따라 30여분을 가니까
해변을 암석으로
조가 해놓은 처음보는 절경이
나타났다. 바로 Sant'Andrea다.

이와같이 남부 이탈리아의
풀리아는 항상 이탈리아인들에게
인기 있는 여행지이지만 그중에서도
해변과 암석이 아름다운
산안드레아(Sant'Andrea)는
Puglia에서 가장 아름다운 해변이라는
생각이든다.

그리고 이어지는
해변을 따라 잘 닦여진 2차선 도로를
조금더 따라가면 그림 같은
해안가 마을이 이어지고,

• 호텔 객실에서 좌측으로 바라본 오트란토 시내전경

• 오트란토 항구를 뒤로하며

• 멜렌 두뇨(Melendugno)입구에 해안선 안내지도

청록색의 맑은 바닷물로 이뤄 진
숨막히는 풍경이 있는
해안을 따라 자리 잡은 자연이 만든
화려한 보석같은 절경들이
또다시 펼쳐진다.

이 화려한 풀리아(Apulian)지역이
이탈리아 여름의 가장 인기 있고 사랑받는 해변

• 해변과 암석이 아름다운 산안드레아(Sant'Andrea)해안

• 해변과 암석이 아름다운 산안드레아 해안

• 해변과 암석이 아름다운 산안드레아 해안

목적지 중 하나라는 것이 과장이
아닌것 같다.

부츠의 뒷굽치 "힐"의 해안을 따라
걷다 보면 자연이 비져놓은
모든 종류의 아름다움에 감탄하게 된다.

세계에서 가장 아름다운 장소
중 하나인 멜렌 두뇨(Melendugno),
특히 해안 마을인
Roca Vecchia의 해안을 따라
가다보면 세계에서
가장 아름다운 자연 수영장으로 손색이
없는 그로타 델라 포에시아
(Grotta della Poesia)를 볼수있다.

그로타 델라 포에시아
(Grotta della Poesia)는 영어로
Cave of Poetry 시의 동굴이며
Lecce와 Otranto 사이의 Adriatic 해안선에 있는
Roca Vecchia 마을에 위치한
천연 수영장이다

자연이 만든 신비스러운 조형물에
다시 감탄을 금할 수 없다.
우리도 다른 관광객들처럼 암벽으로
만들어진 자연 수영장에서

• 해변과 암석이 아름다운 산안드레아 해안

• 해변과 암석이 아름다운 산안드레아 해안을 뒤로하며

용감하게 다이빙도하고 수영을
하고싶지만 우리에겐 너무 무리일것
같아 구경만으로 만족하고

오후 일정에 아주 안전하고
아름다운 해수욕장에서
수영이 예정되고 있어 해변가 절경들을
그정도로 보고
멀지않은 곳에 있는 이지역에
예약되어 있는 식당으로 발길을 옮겼다.

그 식당은
리스토란테 베르가리
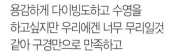(Vergari Ristoratori 1966)라는
이탈리아 요리 전문 식당으로
1966년도에 생겼다 한다.
우리는 해산물 전체요리에 각자 해물
파스타, 해물리조토 등으로 식사를 했다.

식사후 오후에 10여분
남쪽 해변도로를 따라 가니
예정되어 있는 안전하고 아름다운

• 천연 수영장. 시의 동굴. 그로타 델라 포에시아(Grotta della Poesia)

• 다른각도로 본 천연 수영장. 그로타 델라 포에시아(Grotta della Poesia)

• 기암절벽에서 모험심 많은 관광객들이 수영하고 있다

• 기암절벽에서 모험심 많은 관광객들이 수영하고 있다

해안 자연 해수욕장이
미로같은 숲길을 더듬어 한참이나
어렵게 찾아가니 숨어 있듯이 숲속 넘어
깊게 숨어 있었다.
Baia del Turco Peschici 해수욕장이다.

아름다운 해변 해수욕장 이 해수욕장은
Peschici Vieste 해안의 멋진 만이다.
국도와 가까운 주차장에 주차를 하고
숲속바위길을 따라 수백미터를 걸어갔다.
그런 다음 낙원의 작은 구석을
둘러싸고 있는
고운 모래와 바위가 있는
자연이 만든 매우 아름다운 해안가
만에 도착한다.

처음 만나는
자연이 만든 아름다운 해수욕장이다.
하늘은 청명하고
청록색의 바닷물은 너무나도 맑고
깨끗해서 우리모두 즐거운 마음으로
이미 그곳에 와 있는
많은 해수욕객들과 함께 해수욕을 즐겼다.

• 각종 전체요리

• 딱새우 홍합 파스타

• 갓가제 파스타

• 딱새우 홍합 파스타

• 튜브 파스타

• Baia del Turco Peschici 해수욕장

• 가슴이 탁 트이는 시원하고 아름다운 해수욕장

• 아름다운 해변 해수욕장

• 아름다운 해변 해수욕장

우선 해수욕장에 준비된
간이침대 4셋트부터 빌렸다.

자연이 만든 아드리아 해안의 꿈같은
아름다운 해변가, 청명한 청자빛
파아란 하늘아래 펼쳐지는
눈부신 청록색의 한없이 맑고
투명한 바닷물,
끝없이 이어지는 고운 백사장,
붉은 태양아래 바다에서 잔잔하게
불어오는 해풍을 맞으며
하는 해수욕 일광욕이
몸과 마음에 휴식과 활력을 준다.

그동안 쌓인 심신의 피로를 풀어본다.
바다물 온도도 차지않고
거부감이 없는 적당한 온도다.

이렇게 오늘은
이탈리아 최남단 부츠 뒷꿈치 맨끝에
있는 아름다운 아드리아 해변에서
행복한 하루를 보냈다.

• 해수욕장

그동안 딸내외는
생일이 돌아오면 한국과 미국으로
떨어져 있어 함께 식사는 못하지만
우리 내외를 위해 꼭 이벤트를 만들어
주었는데도 우리내외가
지난 8월17일 미국에 도착하지 마자
바로 며칠후 와이프 생일을
소급하여 죽하 저녁식사를 산타모니카
유명 해산물식당에서 식사를
한적이 있었는데
오늘은 나도 모르게 소급한 서프라이스

• Terra degli Ulivi Restaurant 정문

• 해수욕장

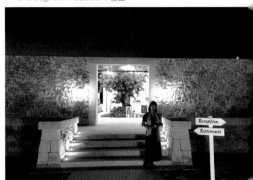

• Terra degli Ulivi Restaurant 입구문

생일 축하 식사 자리를 준비했다.

나는 그냥 평소 식사 자리인줄 알고
갔는데 농장에서 직접 수확한 재료를
이용해서 요리를 하는 농장에서 직영하는
오트란토에서 유명한 식당인
Terra degli Ulivi Restaurant 에서의
농장 디너였다.

들어가는 입구부터 조명이며
심상치 않았는데 들어 갔더니
올리브 열매가 주렁 주렁 달려있는

• Terra degli Ulivi Restaurant 생선요리 전시

• 올리브나무 아래 준비된 식탁

• Terra degli Ulivi Restaurant

• Terra degli Ulivi Restaurant 야외 식탁

• Terra degli Ulivi Restaurant 실내

• 에피타이저 요리

• 에피타이저 문어 요리

• 에피타이저 야채요리

• 송로버섯 뿌린 치즈 에피타이저

• 앵거스 Beef

• Lamb Rack

올리브 나무아래 식탁을 준비 해
놓는 등 분위기가 가히 환상적이었다 .

전체요리로 딱새우회, 생굴,
홍합조개회 등 한접시하고
송로버섯(트럽풀)을 얹은 치즈등
여러가지가 준비된 식전 메뉴를 시켰다.

메인요리로는앵거스 Beef, Lamb Rack과
해물요리를 시켰다.

다른 날과 달리 화이트 와인과
레드와인 2병을 주문하는데 그때까지도
나는 모르고 있었는데 와인이며
케익을 준비하더니
오늘은 내 생일축하 디너 자리를

• 해물요리

• 식전주 로제와인

마련했다고 해서 뒤 늦게 소급해서
치러지는
나의 생일 디너인줄 알게되었다.

오늘 딸내외가 특별히
나를 위해 준비한 래드와인 ES는
와이너리 지안프랑코 피노
(Gianfranco Fino)가
이탈리아 남부 풀리아(Puglia)지역의
만두리아 (Manduri)에서
프리미티보(Primitivo) 포도나무로
생산한 강렬한 향미가 나는
다크 와인으로 고급 와인이다.

식전주는 어제 오트란토와
그제 바리에서 식사할때 마시던
TRAMARI ROSE WINE을 준비했다.
또 디저트 와인도 준비했다.

나와 딸내외 이렇게 세사람이
와인 두병에 디저트 와인까지 마시는
바람에 귀가 운전을 세사람 모두 할
수 없어 술을 못마셔 와인을 조금만
입에 댔던 와이프가 운전을 하여
호텔로 돌아 왔다.

암석으로 신비하게 조각된
아름다운 해변 Sant'Andrea,
세계에서 가장 아름다운 자연 수영장
그로타 델라 포에시아
(Grotta della Poesia),

숲속넘어 수줍은듯 어렵게 숨어
있었던 고운 백사장과 청록색의
맑고 깨끗한 바닷물의 아름다운
Baia del Turco Peschici 해수욕장,

오늘 하루 우리가 만났던
화려하고 아름다웠던 자연이다.

밤하늘 별빛속 올리브나무아래
환상적인 분위기!
순한 목넘김으로 기분좋은 가슴
짜릿한 전율을 전해주는
순도 높은 레드 와인맛!

맛있는 각종 해산물 전채요리와
풀리아식 Meat 이탈리아요리,
또 여러가지 맛으로 홀란스럽던 입안을
깔끔하게 정리해 주는
디저트와인까지...

낮동안 만났던
신비스런 아름다운 해변가
절경들 뿐만 아니라
오늘 저녁 만찬도 특별했고 너무나
만족 스러웠다.

• 디저트 와인

• 래드와인

• 래드와인 .ES!

유구한 세월을 견뎌온 오트란토 성벽

이탈리아 남부 와인과 함께하는 미식여행 *05*

• 오트란토 항구내 천연해수욕장

오트란토, 레체

• 아름다운 아드리아 해 해안

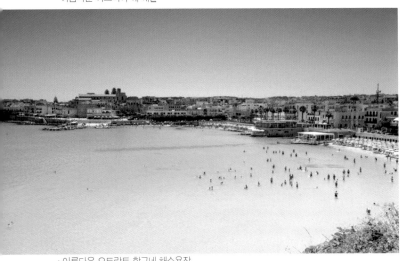

• 아름다운 오트란토 항구네 해수욕장

오늘로서 이곳 오트란토(Otranto)에 3일째다. 볼수록 정감이 가는 아름답고 아담한 항구도시다.

이탈리아 반도의 부츠 뒤꿈치 지역인 풀리아(Puglia)지방의 남단 땅끝에 위치한 유서 깊은 항구 마을 오트란토에는 해안을 따라 10킬로에 걸쳐 비치가 펼쳐져 있으며, 이탈리아에서 가장 먼저 해가 뜨는 마을이다.

맑은 날 이곳에서 바라보는 푸른 아드리아해의 풍경은 그야말로 절경이다. 오트란토에는 15세기 아라곤 성과, 11세기 오트란토 대성당이 있다.

• 재미있는 오트란토 성곽안 관광상가

• 재미있는 오트란토 성곽안 관광상가

• 성곽안 올드타운 골목길

• 성당 가는 골목길

• 두사람이 뽑은 알렉산더의 승천

오전에 오트란토 항구마을의
유서 깊은 산책로를 걸었다.

우리가 묵고있는 호텔에서 100M쯤
떨어져있는 옛 아라곤 성곽안으로 들어
가니 오트란토 올드 타운의 재미있고
매력적인 좁은 거리가 시작되었다.

그 좁은거리안에 각종 관광상품을 파는
가게들이 즐비하고 많은 관광객들이
아침 일찍부터 벌써 붐비기 시작했다.
여러갈래의 좁은 골목길중
한쪽길을 가다보니 제일 먼저
만나게된곳이 로마 카토릭교회에서
1088년에 봉헌된 웅장한 오트란토
로마네스크 대성당이다.

대성당의 가장 유명한 특징은
12세기식 바닥 모자이크로 1165년에
승려 판탈레오네가 만든 걸작인 장엄한
모자이크 바닥이다.
생명의 나무를 묘사한다고 한다.

• 오트란토 대성당

1480년 오스만 제국이 침략했을때
이슬람으로 개종하기를 거부한
813명의 기독교인들이 참수되었다.
이제 그들의 유해는
거룩한 순교자의 유해예배당에
보관되어 있다.

좁은 골목을
한참 거슬러 올라가니
오트란토성 본체를 만나게되고
성곽은 1480년 오스만 투르크의
유명한 공격으로 인해 포병 위치가
있는 탑을 추가하는 등 성곽이
재건되었다.

이와같이 1480년과 1481년
오스만제국의 침략으로
오트란토 전투(Battle of Otranto)의
피를 흘린 슬픈 흑역사의 흔적을

• 천정에도 모자이크 작품

• 순교자 예배당

• 유구한 세월을 견뎌온 성곽

• 성곽으로 올라가는 골목길

• 성곽길

66

간직하고 있는곳이다.

요새 벽사이길로 천천히 걷다보니
그 옛날 800여 순교자들의 환영들이
실루엣되어 그날의 슬픈 역사가
눈앞에 펼쳐지는 듯하다.

이곳에 역사적인 건축물들은
가장 중요한 기념물들로 남아있어
후손들에게 그날의 아픈 역사들
되새기게 하고 있다.

• 성벽따라 아래로 내려간다

이와같이 Otranto를 둘러싼 요새는
잘 보존되어 있으며
중요한 사건이 많은 이도시의
수세기 전 역사에 대해 많은 것을
말해 줄 수 있다.

요새와 성벽사이를
구불 구불 돌다가 벽이 끝날때쯤 되니까
오트란토 요트항구가 한눈에
내려다 보이고
더 왼쪽으로 우리가 묵고 있는
호텔앞 본 항구와
넓은 백사장 해수욕장이 보이고
오늘 오후에 우리가 해수욕을 즐길
바위로 막힌 천연해수욕장도
바로 눈아래 자세히 보인다.

• 유구한 세월을 견뎌온 성곽

• 유구한 세월을 견뎌온 성곽

• 천연 해수욕장

• 성벽따라 아래로 내려간다

• 성곽에서 본 항구앞 해수욕장

• 살렌토 해안

• 천연해수욕장

그리고 멀리 펼쳐지는
오트란토의 아름다운 아드리아해를
접하고 있는 살렌토 해안이 이어진다.

오트란토 성곽안
올드타운 산책을 오전에 마치고 주위
피자집에서 피자로 간단히
점심을 때우고 오후에 호텔앞 항구
왼쪽에 있는 바위로 만들어진 천연
해수욕장에서 해수욕을 즐겼다.

바닷물이 어쩌면 그토록 맑고 깨끗한지...
물밑 바닥은 깨끗한 하얀 백사장으로
이어졌고 멀리 바다 한가운데 까지도
고르게 수심이 얕아 안전하게
해수욕을 즐길 수 있었다.

어제 했던 해수욕장과는
또다른 재미가 있었다. 우선은 숙소
바로 앞이니까 부담없이 언제나 나와서
즐길 수 있었다.

이곳 말고 호텔 바로 앞 백사장에
정식으로된 해수욕장이 있으나 이곳
바위 천연 해수욕장이
우리처럼 더욱 흥미를 끄는지 이미
여러 관광객들이 이곳에 와서
해수욕을 즐기고 있었다 .

• 천연해수욕장의 청록색의 맑은 바다물

• 천연 해수욕장

• 천연해수욕장

• 청록색의 시원한 바닷물

• 오트란토 항구 해안 바닷가에서

• 천연해수욕장

• 오트란토 해변에서

• 오랜 역사를 간직한 고도 레체(Lecce)

해수욕을 끝내고
오후 4시쯤 우리는 35분 거리에 있는
레체(Lecce)라는 도시를 보러 갔다.

이 도시는 이탈리아 남부에 있는
95,766명 주민의이 살고 있는
오랜 역사적인 도시이다.

• Lecce 지방 에서 가장 높은 언덕

풀리아(Apulia)지역에서
두 번째로 인구가 많은 그 지역에서
가장 중요한 도시 중 하나이다.

이탈리아 반도 끝자락 에 있는
살렌티노 반도의 중심 도시로
2,000년이 넘는 역사를 자랑한다.

레체는 살렌티나 반도 최남단이자
최동단에 있으며 아드리아해와
이오니아해 모두에 접근할 수 있다.

대부분 평야이며 언덕이 거의 없다.
많은 고대 대성당, 성, 요새 및
탑이 있다.
1~2세기에 지어진 25,000석 규모의
원형 극장도 있다.

• 레체(Lecce)올드타운의 재미있는 골목길

• 재미있는 레체 올드타운 골목

폴리아(Puglia)에는
방문할 아름다운 도시가 많이 있지만
Lecce를 많은 사람들이 좋아한다.

이탈리아의 '발뒤꿈치'에 있는
이 도시는 그 역사를 로마 시대까지
거슬러 올라갈 수 있으며,
그 흔적은 오늘날에도
여전히 볼 수 있다.

거기에 인상적인 로마 원형 극장,
매력적인 골목, 활기찬 광장 등
많은 역사적인 유물들이 흥미를 끌
충분한 가치가 있는 도시이다.

• 재미있는 레체 올드타운 골목

우선 시작은
도시의 3개의 역사적인 관문 중 하나인
성 블레즈의 문(Porta San Biagio)에서
부터 Lecce 탐사가 시작된다.

이 인상적인 바로크 스타일의 문은
양쪽에 거대한 기둥으로 보호되는 우뚝
솟은 아치형 입구가 특징이다.

레체는
로마노극장(Teatro Romano)과
원형 극장(서기 2세기)
두 개의 로마 극장을 자랑한다.

• 성 블레즈의 문(Porta San Biagio)

• 로마노극장(Teatro Romano)

• 성 클레어 교회 (Chiesa di Santa Chiara)

• 로마 원형 극장

다음 목적지는 또 다른 보석인
성 클레어 교회
(Chiesa di Santa Chiara) 이다.
인상적인 기둥과 꽃 장식이
특징인 우아한 외관이 있는
이 17세기 교회는 정말 장관이다.

내부에 들어서면 화려한 인테리어를
감상할 수 있다.

2세기 로마 원형 극장 은
레체 최고의 명소 중 하나이다.
로마 시대에는 이 장소가
최대 25,000명을 수용할 수 있었다 한다.
오늘날에는 극히 일부만 남아 있지만
여전히 놀라운 광경을 보여준다.

원형 극장에서 북서쪽으로 가면
팔라초 카라파 오 델레 파올로테
(Palazzo Carafa o delle Paolotte) 가 있다.

원래 1500년에 설립된 수도원이었던
이 궁전은 18세기에 복원되었으며
아름다운 로코코 양식의 외관이 특징이다.

오후 짧은 시간에 이렇게
주마간산으로 레체를 보긴했지만
짧은 시간이나마 우리에게 많은 느낌을
갖게 한다.

도시 전체에서 풍기는
유서깊은 오랜 역사가 만들어 놓은
깊고 장중함을 느끼며 한편으로는
정교하고 화려한 역사의 도시,
화려한 바로크 도시,
이렇게 중세의 화려함을 간직한 도시,

이런 레체는 우리에게
따뜻함과 낭만을 느끼게 한다

• 팔라초 카라파 오 델레 파올로테 (Palazzo Carafa o delle Paolotte)

• pizzeria da michele 피자점

• 마르게리따 피자

충분히 시간 내서 꼭 와 볼만한
신비한 도시다.

이렇게 레체 관광을
대충 끝내고 저녁식사를 모처럼
중국요리를 먹기로하고
이곳 올드타운에서
멀지 않은 중식당인 쌍하이라는
중식당에서 저녁식사를 마쳤다.

그리고 오트란토 오는 길에
이지방에서 피자 잘 하기로 소문난
피자집인 피째리아 다 미켈래
(Pizzeria da Michele)에서
마르게릭따 피자 한판을 사가지고 왔다.

우리는 저녁식사를
많이 했는데도 호텔에 돌아와서
맛있는 피자라니까
객실 베란다 식탁에서
치즈를 뜸뿍, 바질과 함께 얹은
먹음직스런 마르게리따 피자 한판을
다 먹었다. 역시 유명세 대로
맛이 있었다.

• pizzeria da michele

• 빌라잎 해수욕장 쇠즉 해안

이탈리아 남부 와인과 함께아는 미식여행

해변 해수욕장에서 바라본 빌라

오트란토 ➡ 모노폴리

• 객실에서 바라본 오트란토 항구의 모습

• 객실에서 바라본 오트란토 항구의 모습

오늘은 오트란토(Otoranto)에서
모노폴리(Monopoly)로 가는 날
호텔에서 바다가 보이는
수평선 너머로 해뜨는 멋진 장면을
사진에 담으려고 해돋이 시간 6시 27분에 맞춰 일어나
아무리 기다려도 안뜸,
이곳 오트란토가 부츠 뒷굽 최남단으로
아드리아해와 이오니아해를 연결하는
동쪽과 남쪽 사이 바다라는 사실을
간과하고 기다렸으니까 실패....
어쩐지 일몰장면도 안잡히더라니...
나도 한심!

오트란토의 아름다운 해안을 두고가는
아쉬움에 다시한번 떠나기전 방금전에 담은
해안의 모습을 올려본다.

76

• 오트란토에서 떠나는 날 아침 호텔 조식

• Porto Cesare라는 작은 해안 마을 항구앞 거리

• Porto Cesare 해안에 정박중인 보트들

그동안 3일동안 아름다운 해안마을
오토란토에서의 인상적인 추억을 뒤로하고
새로운 미지의 마을 모노폴리로
또다른 기대를 안고 간다.

이제까지 오트란토의 추억들은
이번 여행에서 오래 기억될 아름다운
추억으로 오래 오래 남을 것이다.

나는 평소 야채주스와
요그루트만 간단히 먹고 아침을
안먹는 습관으로 그동안 호텔 조식을
안했는데 왠지 손해보는 생각이 들어
마지막날이라도 한번 먹어야 되겠다는
생각으로 오늘은 일찍 짐 싸놓고
처음으로 호텔 조식을 했다.

10시 호텔 체크아웃하고
모노폴리 가는 길에 우선 30분 거리에
Galatina 라는 작은마을에 있는
유명 빵가게 들러 빵을 사고
다시 길을 채촉하여
다음 여행지 가는길에 있는
부츠 뒤꿈치 안쪽에 있는 해안이 가장
아름다운 Porto Cesare라는
작은 해안 마을을 잠깐 보기 위해
모노폴리가는 중간에 들렸다.

• Porto Cesare 해안에 정박중인 보트들

• 항구앞 카페에서 음료수 한잔씩 마신다

• Porto Cesare 해안에서

포르토 체사레오 (Porto Cesareo)는
풀리아 (Apulia)지역 레체 (Lecce)지방에
위치한 도시이다.
아주 작은 어촌 같았다.
작은 항구에는 많은 요트 보트들이
정박 해 있었다.

바로 앞에 보이는 해안가 바다물이
어찌나 맑고 깨끗한지!
이곳 해안의 바다물은 어딜가나
청록색의 맑고 깨끗하다.
해안이 오염된 곳을 볼수가 없다.
어디나 자연 그대로다.
이곳 자연환경이 정말 부럽다.

우리는 항구 바로앞 카페에서 커피 마시며
맑고 투명한 바닷물과 아담한 작은 항구의
아름다운 이국적인 정경에 취해

• Ristorante AQUA 식당 입구

• Ristorante AQUA 식당

• 바로 앞 창문을 통해 해수욕장과 바다가 내다 보인다.

• 각종 해산물 식전 요리

• 생선찜 요리

• 컬리훌라워 리조또

• 토마도 파스타

• 식당앞 해수욕장

잠시동안 휴식 시간을 가졌다.
얼마후 점심시간이 되어 그곳에서
좀 떨어져있는 예약된 해변가 식당으로 갔다.

예약된 'Ristorante AQUA' 라는 식당은
해변가 해수욕장옆에 가슴이 확 트일것
같은 청록색의 시원한 바다를 마주하고 있어
경관이 매우 좋았다.

식전요리는 싱싱한 새우, 굴 등과 생선회 무침
그리고 메인 요리는 생선 찜요리와
이곳 명물인 토마도 파스타와 리조또를
각 각 주문했다. 와인은 화이트 와인 이다.

새콤한 레몬 즙을 쳐서 먹는
생굴은 신선하고 입맛을 돋구었다.

토마도 파스타는
이탈리아 본고장 원조의 맛답게
면의 씹히는 식감이라던지 토마도
소스의 새큼한 풍미가 전체적으로 본고장의
맛답게 만족스러웠다.

느긋하게 식사를 하고 오후 2시30분쯤
출발하여 모노폴리로 향했다.

• 식당앞 해수욕장

모노폴리 가는 길도 여지 것 온 길처럼
간신히 2차선이 되는 시골길이 었다.

이 풀리아 지역은 어딜가나 시원스럽게
넓게 펼쳐진 평야이다.
그 평야에 대부분이 올리브나무,
포도나무로 채워졌다.

2시간후에 모노폴리에 무사히 도착했다.
오트란토에서 좀 더 북쪽으로 올라
왔지만 이곳도 아드리아해
동해안에 있는 아름다운 항구도시다.

• 모노폴리 가는길에 수없이 만나는 올리브나무 밭

모노폴리는 풀리아주 바리현에
위치한 코무네로 인구는 49,304명,
아드리아 해와 접하고 있는 농업과 산업, 관광업의
중심 도시이다. 바리에서 남동쪽으로 약 40km 정도
떨어진 곳에 위치해 있다.

모노폴리에 도착해서 시가지가 아니라
호텔이고 좋은 숙소가 있을것 같지도 않은 지역을
한참 지나가더니 깜짝쑈 하듯이 해변가에 아담한
예쁜 빌라가 갑자기 나타 났다.

• 모노폴리항구 전경

• 모노폴리항구 전경

• '빌라 포르토 마르자노' (Villa Porto Marzano)

• 모노폴리해변의 천연적인 모습

• 해수욕장에서 바라본 빌라 '빌라 포르토 마르자노' (Villa Porto Marzano)

• '빌라 포르토 마르자노' (Villa Porto Marzano)

• 빌라앞 해수욕장

80

• 빌라 우측에 둘러 쌓여있는 올리브 나무 밭

우리를 반갑게 맞아준 예쁜 빌라는
예상밖으로 너무나 환상적이었다.
앞에는 아름다운 아드리아해가
펼쳐지고 바로 코앞에는
아담한 해수욕을 할수있는
해변이 있고   올리브나무 밭이 옆을
둘러싸고 있는등 주위 환경이 너무나
한적하고 조용해 휴양지로서
딱 좋은 환경이다.

오늘 우리의 주인공이며
하이라이트는
아드리아 해안 모노폴리에
개인 소유같은 작은 해수욕장이
바로 앞에 있는 '빌라 포르토 마르자노'
(Villa Porto Marzano) 였다.

• 빌라정면 울타리

• 빌라 정문

• 빌라앞 해수욕장

• 빌라 내부 옆마당 앞에 해수욕장 나가는 적은문이 있다

• 1층 휴식 침대에서 바라보는 해수욕장

• 빌라앞 해수욕장

• 빌라앞 해수욕장 좌측 해안

모노폴리에서 브린디시까지
아드리아 해안의 탁 트인 전망을 갖춘
현대적이고 깨끗한 빌라로
맑고 푸른 바닷물과 현지인들에게 인기있는
모래 해변이 바로 내려다 보이는
아름다운 이탈리아의 휴양주택이다.

빌라는 2층으로 1,2층에 침실 및 욕조를 갖춘
객실들이 있고 각층에 자체 부엌,
식탁, 데크, 거실 등이 있다.

• 빌라앞 해수욕장 좌측 바다. 수심이 얕아서 안전하다.

• 빌라 2층 올라가는 길

• 2층 거실 밖으로 바다가 보인다

• 현관과 주방쪽 거실

• 2층 주방

네사람만이지만 우리만의 조용한 휴양을 위해
1, 2층 빌라 전체를 6일동안 임대하여 머물도록 했다.

짐을 다 풀고 딸 내외가 모노폴리
시내 마켓에 가서 6일동안 지낼 장을 봐 왔다.
가끔 빌라에서 한식 먹을때 필요한 장꺼리다.

오늘 저녁식사로 그동안 지난
며칠동안 이탈리아 음식만 들었는데
이제 한식 생각이 나서 가지고 온 햇반에
이곳 마트에서 장을 봐 온 돼지고기 삼겹살과
소고기를 구워서 한국에서 준비 해 온 쌈장에
상추쌈을 해서 또 김치찌게, 깻잎장아치,
산마늘나물 장아치와 함께 오랫만에
한식을 먹으니 속이 깨운하고 편안해
역시 평생동안 먹어온 한식을
멀리 할 수가 없다. 고향에 온 느낌이다.

아무리 미식 여행이지만
가끔 한식으로 완급조절을 해야 할것 같다.
빌라에 Stay할 것을 계획 해 한국에서
상온 보관용 김치볶음, 깻잎장아치와
햇반, 라면 등을 준비 해 왔다.

• 한식 저녁 식탁

• 2층 주방가는 통로

• 2층 3개 침실중 침실 1

• 1층 파라솔 침대

이렇게 오늘서 부터 한적하고
조용한 이곳 휴양지 모노폴리에서
생활이 기대된다

• 2층 빌라 현관문

• 1층 주방

• 1층 응접실

• 1층 3개 침실중 침실1

• 1층 현관문

• 야외 휴식 소파

• 3층 옥상 파라솔 침대

• 다이빙대에서 다이빙중인 선수

이탈리아 남부 와인과 함께하는 미식여행 07

• 폴리냐노 아마레 해안위에 다이빙대가 보인다. 다이빙장면들을 보려고 유람선들이 정박 해 있다.

폴리냐노 아마레

• 폴리냐노 아마레 가는 이정표

• 폴리냐노 아마레 전경

오늘은 모노폴리(Monopoly)에서
30여분 걸리는 작은 해변도시
폴리냐노 아마레(Polignano a mare)
시의 요트장으로 요트 유람을 하기위해
아침 8시30분에 빌라를 나섰다.

부츠처럼 생긴 이탈리아 반도의
뒷굽으로 불리는 풀리아주에 아드리아해에 면한
크고 작은 항구도시들이 풀리아주에 즐비해 있다.

그중에 그동안 우리가
간곳이 바리, 오트란트, 레체 그리고
어제 도착 해 6일간 머물 모노폴리,
또 오늘 가게 될 인구 18,000명 밖에
안되는 작은 마을 같은 소도시
'폴리냐노 아마레'다.

그런데 이많은 도시중에 눈부신 아드리아해의 보석,
반할수 밖에 없는 곳이 '폴리냐노 아마레'라고 한다.
9시에 폴리냐노 아마레 요트 선착장에
정확히 도착하였다.

• 폴리냐노 아마레 요트장에서

• 폴리냐노 아마레 요트장

• 우리가 오늘 탈 요트 ALMARANO호

나는 일정표에 그냥 Boat Trip
이라고 해 그냥 단체로 일반 관광용
선박을 타는 줄 알았는데
영화에서만 가끔 보고
부러워 했던 대형 요트를 빌려
폴리냐노 아마레 해안을 유람하는
시간을 갖게 되어 무척 기대가 된다.

예약한 카타마란 요트를
타고 폴리냐노 아마레 해안을
9시부터 오후 12시30분까지 3시간 30분 동안 항해 한다.

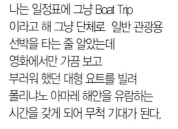
• 우리가 오늘 탈 요트 ALMARANO호

• 폴리냐노 아마레 요트장

• 폴리냐노 아마레 요트장

• 항해중인 요트

• 왼쪽에 다이빙대가 보인다.

• 요트에서

카타마란 요트란 선체의 모양이 둘로 이뤄진배를 말한다.
쌍동형 배란 뜻이다.
우리가 탈 요트명은 ALMARANO호 였다.

우리는 이요트로 자연이 만든
신비한 해안인 폴리냐노 아마레 해안을
천천히 관광을하며 선상에서
간단한 안주에 샴페인과 와인을 마시는
시간도 가지고 또한
Sup(Stand Up Paddle Board)도 하고
아드리아 해의 청록색 바다로
뛰어들어 수영이나 스노클링도 할 수 있다.

어제 저녁에 비가 많이 오고 해서
오늘 날씨가 나빠서
혹시 요트 타는것이 무산될까
걱정을 했는데 아침 날씨는 흐리고 약간 기온이

• 해안 기암 절벽위에 오래된 건물들

• 기암 절벽중간에 동굴 식당이 보인다

• 해안에 뚫려있는 해안석회암에 천연 동굴

• 해안 석회암 절벽위에 세워진 암벽과 같은 색갈의 오래된 건물들

낮아 지긴했는데 다행히 먹구름이 남쪽으로
이동하고 있어 요트 유람을 할수 있다.

이 요트선상 뱃머리 위에 누어
시원한 바람을 맞으며 보고 있는
오묘한 자연의 조형물로 이뤄진 아름다운
해안 절벽들이 정말 신비스럽다.

이렇게 아드리아해안에서 보내고 있는
시간들이 잊어지지 않을 꿈길같은 추억으로 쌓인다.

폴리냐노 아 마레의 해안선에는
바다로만 접근할 수 있는 그림 같은
동굴과 만이 있다.

석회암 절벽과 세월의 흔적이
만들어 낸 아름다운 해안마을에는
낡고 오래된 건물들로 이뤄져 있다.

요트선상에서

• 순풍에 돛을 펴고 항해중인 요트선

달리는 요트 갑판 위에서 시원한 바닷바람을 맞으며

해변가에 자리잡고 있는 옛마을은
절벽과 동일체가 되도록 지었고
색갈도 절벽과 똑같은 색갈로 짓는 등
이탈리아 해변집들의 특징을
잘 보여 주고 있다.

우리는 청록색의 맑은
아드리해의 해안에 아름답고 신비스런
절벽들을 보기위해
해안을 따라 남북으로
왔다 갔다 하며 마주하게 되는
자연과 인간의 위대함에 놀라울 뿐이다.

이러한 시간들이 그동안 찌드렀던
몸과 마음을 훌훌 털어주며
리렉스 시키고 있다.

• 요트후미선상에서

• 요트선 갑판위에서

• 이제 구름이 걷처 바다물 색갈이 제대로 나온다

• 항해중인 요트 후미선상에서

• 폴리냐노 아마레 해안선 암벽들이 보인다

• 아드리아 해의 바닷바람이 시원하다.

이 요트가 맨처음에는
동력으로 가다가 바람이 좋아지니까
동력을 끄고 돛을 펴고 풍선(風船)이 되어 풍력으로 갔다.
돛단배가 되니까 더욱 운치가 있었다.

다행히 날씨가 점점 좋아지고 있었다.
우리가 탄 요트는 해안선 관광은 충분히 했고 해안동굴이
있는 앞바다위에 요트를 정박시키고 샴페인과 와인을
간단한 스넥과 함께 마시는 시간도 가졌다.

바다물은 34.5도 정도로 그렇게 차지는
않았지만 우리는 날씨도 좀
서늘하고 해서 바다 수영은 하지 않았다.
딸내외는 그대신 SUP로 동굴 탐사를
했다. 두사람은 운동신경이 있어서
그런지 SUP을 처음타는 데도
다른사람들은 교육을 받고 탄다는데
간단히 타고 동굴을 한바퀴 돌고 오는
걸 보니 역시 젊음이 좋다.

• 샴페인과 와인을 간단한 스넥과 함께 마시는 시간

• 샴페인과 와인을 간단한 스넥과 함께 마시는 시간

• 폴리냐노 아마레 해안 위에 다이빙 대가 보인다

• 샴페인과 와인을 간단한 스넥과 함께 마시는 시간

• 다이빙 대회를 보기위해 몰려와 정박중인 보트들

• 폴리냐노 아마레 해안 동굴

• 폴리냐노 아마레 해안 동굴

특히 이 도시는
에너지 음료 레드블 절벽 다이빙대회가
정기적으로 열려 다이빙으로
인기가 많은 곳이다.
마침 내일이 다이빙 대회가 열리는
날이 었는데 내일 날씨 예보가 안좋아
오늘로 앞당겨서 열린다고 한다.

우리 요트는 경기가 열리는 절벽앞에 정박시키고
우선 경기전 선수들의 연습장면들을 구경했다.

해안 절벽 위에
이슬아슬하게 서 있는 전통 가옥들
그 끝에 설치된 다이빙대에서
선수들이 푸른 바다를 향해 뛰어든다.
까마득한 높이인데도
과감하게 공중제비를 돌며
완벽한 입수 동작까지 구사한다.

최고의 강심장들이 모였다.
다이빙 높이는 아파트 10층 높이 정도의 27.5m, 20m로
각각 절벽위에서 회전하며 바다로 뛰어 내렸다.

• 다이빙대에 선 선수

• 뛰어 내리기위해 물그나무 동작을 하고 있는 선수

• 다이빙대에서 다이빙중인 선수

• 다이빙대회 보기위해 건너편 언덕에 인산 인해를 이룬 구경꾼들

벌써부터 많은 구경꾼들이
건너편 언덕위에 인산 인해를 이뤘고
관광객들을 태운 보트들이
우리처럼 다이빙 절벽이 보이는
바다위에 정박해서 열심히 연습경기
부터 관람하고 있다.

우리는 한 40분정도
연습 다이빙 장면들을 구경하다가
본경기 까지 볼수가 없어
아침에 출발했던 선착장으로 돌아와
오늘 요트 유람 일정을 마쳤다 .

회를 보기위해 언덕에 운집 해 있는 관중들

• 요트 선착장

• 요트 선착장에 정박한 우리가 타고온 ALMARANO호

• 요트 선착장에 정박한 우리가 타고온 ALMARANO호

요트일정을 마치고 오후에
집앞 해변에서 수영을 하기위해
해산물과 해산물 샌드위치를 투고해서
빌라에서 식사를 하기위해
서둘러 해변가 절벽위 올드타운에 있는
생선집에서 참치회 생홍합 새우,
생굴 등 은 샀는데 센드위치는
오늘 다이빙대회 때문에 해변마을이
구경꾼들로 가득 차
40분이나 줄을 서야 해서
센드위치 투고는 포기하고
빌라로 돌아왔다.

• 올드타운 생선집

화이트 와인과 사가지고
온 해산물로 점심을 대신하고
날씨가 더 나빠지기전에 우리들은
서둘러 수영복으로 갈아입고
집앞 해변으로 나갔다.

• 준비된 생선들

• 생선집 메뉴

• 식탁위에 점심이 차려진다

마침 날씨는 햇살이 쨍쨍하여 수영하기에 알 맞었다.
이미 현지주민인 이탈리아 사람들이
수영을 하고 해변에서 일광욕들을 하고 있었다.

이탈리아인이 아닌 외국인은 우리 뿐이었다.
관광객 이나 외부인들은 작고 아담한
이 해변이 잘 눈에 띄지 않아
모르기때문에 오지 않는것 같다.
우리가 묵고있는 빌라 앞마당
바로 아래에 있어 이 빌라 전용 해변 같다.

해변에서 해수욕과 일광욕까지
만족하게 하고 빌라에 들어와 한숨
오수를 즐기며 휴식을 하고
저녁은 피자로 하기로 해
딸이 모노폴리 시내에가서 유명한
피자집에 가서 피자 세판을 투고 해 왔다.

• 남부 이태리식 점심상

• 해수욕장해변에서 바라본 빌라

• 빌라앞 해수욕장

• 빌라앞 해수욕장

• 피자로 저녁식사

이 피자집은 Chine Pizzeria a Monopoli로
이탈리아 최고의 피자 올림프스인
마스터 피자 챔피언 2019년 대회에서
1위를 한 집이라 한다.

시켜온 피자는 매우 맵다고 붙인 이름이 지옥이란
뜻의 Inferno 2판하고
그곳 종업원 아가씨가 추천해준
Sublime 1판을 사왔다.

역시 지금까지 먹던 피자맛과 많이 달랐다.
도우가 얇으며 밀가루 특유에 냄새도
안나고 올려져있는 치즈등 도핑도
신선한 재료로 써서 그런지 깔끔하고
전체적으로 맛있었다.

• 해수욕장에서 묻은 모래를 수도물로 씻는다

• 빌라앞 해수욕장

• 빌라앞 해수욕장

2천년이 된 밀레니엄 올리브나무

이탈리아 남부 와인과 함께하는 미식여행

08

• 오스투니 성곽

오스투니

• 바람이 심하고 쌀쌀한 날씨에 해수욕객이 없다.

• 오늘 아침 해변의 모습

오늘은 오후에 인근 도시인
오스투니(Ostuni) 관광을 위해
12시에 빌라를 출발하기전
오전시간에는
빌라앞 해변에서 해수욕을 할
예정이었는데 아침에 일어나 보니
바람이 심하게 불어
바닷가 해변에 파도가 심해

해수욕을 포기 할수밖에 없다.
날씨도 이곳 날씨답지않게
갑자기 쌀쌀 해 졌다.
그래서 오전에는 휴식을 하다가
12시 출발시간에 맞춰 빌라를 나섰다.
쌀쌀한 날씨를 대비해
여분의 두꺼운 외투도 준비해 갔다.

오수투니(Ostuni) 관광전에 가는
도중에 오래전에 예약된 식당에서
점심식사를 하고
그후에 예정된 올리브 농장도
견학 할 예정이다.
빌라에서 30분정도 거리에 있는
Local Puglia Food, 폴리아식 요리로
유명한 식당인 'il Cortiletto'에
도착하였다.
식당 오픈시간에 맞춰
도착하다 보니 우리가 첫 손님이었다.

• 중식 할 식당 앞 도로

전채요리는 이식당에서 잘하는
요리를 시켰는데 모짤렐라 치즈,
딱딱한 투니치즈, 쌀라미, 랜틸 콩
전채요리, 기타 이름도 모르는 맛있는
여러가지 전채요리가 나왔다.

그리고 메인요리는
믹스드 그릴 미트를 시켰는데
비프, 포크, 치킨 등
여러종류의 Meat에 양념간을 한후
그릴한 미트요리로
이곳에 온후 먹은 미트 요리로는
제일 맛있게 먹었다.

• I Cortiletto 식당 정문

• 렌탈 콩 전채 요리

• 전채 요리

• Beef Staek

• 투니치즈, 쌀라미 등 각종 전채요리

• 믹스드 그릴 Meat

• 믹스드 그릴 Meat

• 모짜렐라 치즈 등 전채 요리

• I Cortiletto 식당

• I Cortiletto 식당

이와같이 메인 요리는 물론이고
전체요리도 어떤식당보다도
창의적인 요리로 비주얼과 맛에서 무척
뛰어나다고 생각한다.
어쩐지 특별하다고 생각했는데
역시나 미쉬린 가이드 식당이다.

우리가 첫손님으로 텅비었던 식당이
어느새 빈자리가 없을 정도로
손님들이 꽉 찬것을 보니
이식당의 실력이 증명되고 있다는
생각이 든다.

음식이 워낙 맛있으니까
점심인데도 와인을 두병이나 마시며
오늘도 성공적인 남부 이탈리아의
폴리아식 맛집 탐방의 시간을 가졌다고
생각한다.

오수투니에 있는
올리브농가 Masseria Brancati에
Olive Oil Tour 예약시간
오후3시에 맞춰 농장에 도착했다.

• I Cortiletto 식당

• 올리브농가 Masseria Brancati 입구

• 올리브농가 Masseria Brancati 올리브나무 밭

이곳에서 약 3000년 전 로마 시대로
거슬러 올라가는 올리브 나무의 놀라운 역사에
대해 들을 수 있었다.
그당시에는 올리브 오일은 먹지 않고 등불을
켜는 데만 사용했다 한다.

밀리니엄 올리브나무들도 그렇고
3000년된 올리브나무에도 놀랍게도 아직도
싱싱한 올리브 열매들이 주렁 주렁 열리고 있다 .

아름다운 농장, 1시간 반동안 농장 투어에 참여했다
수천년된 올리브 나무, 지하 오일 밀,
중세 오일 밀, 끝으로 농장에서 생산 된 올리브
오일에 대한 간단한 설명과 함께 시음도 했다.

Masseria Brancati 농장의 전체 투어는
우리에게 새로운 감동의 시간이었다.
모두 흥미롭고 놀랍고 새로운 체험이 었다!

장엄한 천년의 올리브 나무 숲으로
둘러 쌓여 있는 농장, 이곳은 역사의 흔적인 본연의
모습을 고스란히 간직한 특별한 농장이다.

• 2천년이된 밀리니엄 올리브나무

• 2천년이된 밀리니엄 올리브나무를 안내자가 설명중

• 2천년이된 밀리니엄 올리브나무를 안내자가 설명중

• 2천년이된 밀리니엄 올리브나무

풀리아 주에는 6천만 그루가 넘는
올리브 나무가 자란다.
우리가 방문하고 있는 이곳
올리브 농장에는 1700그루가 넘는
올리브나무가 있으며
그 중 일부는 2,000년이 넘었고
천 년이 넘은 보호수만 오십 그루다.

• 세계에서 유일하게 3천년이된 올리브나무

• 한번 돌아서 감길때마다 1천년씩이라 세번 감겼으니까 3천년이된
것이라 설명중임..

• 밀리니엄 올리브나무에도 놀랍게도 아직도 싱싱한 올리브열매가 열리고 있다

제일 오랜 된 나무는 3천 년이 넘었을 것으로
추정된다고 한다.
3000 년 된 올리브 나무가 Branchati 가문에
속한 화려한 Masseria의 배경이다.

고대 로마 때부터 이어져 온 올리브 나무들.
나무는 수 천년의 세월동안 변함없이
열매를 맺고 사람들은 그 열매를 수확하여 소중한
기름을 짠다. 숭고하다는 말 밖에 달리 표현할
말이 떠오르지 않는다.

올리브나무는 강한 생명력으로 수명이 길어
척박한 땅에서도 잘 자라고 평균 600년 이상
사는데 예루살렘언덕에 있는 것은
평균 2000년 이상
이탈리아에 있는 것은 3000년이 넘은것도 있으니
매우 놀라운 장수의 상징으로 여겨질 만하다.

• 밀리니엄 올리브나무

• 밀리니엄 올리브나무 앞에서 기념사진

• 밀리니엄 올리브나무

• 밀리니엄 올리브나무

천년의 올리브 나무들을 보며
우리 인간들의 삶을
다시 한번 생각하게 한다.
시공을 뛰어넘는
놀랍고 충격적인 새로운 체험이 었다.

이렇게 올리브나무 숲을 거닐며
3천 년을 살아온
그들을 보며
이순간 우리인간의 존재에 대해
그저 숙연한 마음만 든다.

• 중세시대 지하동굴의 올리브짜던 시설

• 지하동굴에서 올리브 기름 짜던 시설과 거주하던 공간

• 지하동굴에서 최근세에 지상에 말을 이용해 기름 짜던 시설을 안내자가 설명

• 올리브 오일 생산에 대해 설명하고 여러종류의 오일 시식을 하고있다.

• 이 농장을 방문한 소피아 로렌

• 올리브 오일 저장고와 밖에서 빗물을 받고 이곳은 물을 푸는 공간

그리고 또하나
가슴에 진하게 남는것은 메시아시대 이후
올리브 오일의 착유에 대한 역사적 문화적 측면을
보전하고 강화하는 지적인 작업을 통해
천년간의 올리브 나무의 장엄한
프레임을 대대로 이어
훌륭한 농장을 만들어 온
Brancati 가문 사람들의 우직한
성실함에 경외감을 보내고 싶다.

이제 올리브 농장 투어를 마치고 다음 목적지로 향했다.
오스 투니 (Ostuni)는 이탈리아 풀리아 (Apulia) 지역 인
브린 디시 (Brindisi)에서도 그렇고
해안에서도 약 8km 떨어진 도시이다.

• 오스 투니 (Ostuni)성곽 (구글 인용)

• 오스 투니 (Ostuni) 전체 전경 (구글 인용)

모노폴리와 브린디시 중간쯤에 있는
작고 아름다운 역사 유적도시
오스투니는 '백색의 도시로' 알려진
오래된 도시로
그리스의 도시들처럼
온통 흰색으로 벽면을 칠해 도시가
매우 깨끗하다.

• 서쪽에서 바라본 오스투니 (구글 인용)

• 농장 방문을 마치고 나간다.

• 오스 투니 (Ostuni) 올라가는 입구

오스투니는 포에니 전쟁 때
한니발군에 의해서 파괴되었다가
그 후에 그리스 인들에 의해서 다시
세워진 도시라서
그리스 스타일의 건축 양식을
보이고 있다.

성채내에서 저~멀리 바라보면
천연 백사장이 펼쳐지는 청록색 물빛의
시원한바다가 보인다.

그리고 앞에 보이는 시야에 광활하게
펼쳐지는 녹색지대는
전부 올리브 나무 밭이다.
사진으로 담을 수 없었지만
엄청난 크기의 올리브 농지다.
역시 남부는 올리브의 주산지답다.

• 오스 투니 (Ostuni) 올라가는 도로

• 오스 투니 (Ostuni) 올라가는 도로

• 오스 투니 (Ostuni) 위치도

이곳은 마치 그리스 산토리니섬 마을 같은
느낌을 주는 성채 도시이다.
그동안 보아왔던 풀리아주의
다른 오래된 도시의 올드타운 같이
미로처럼 얽힌 좁은 골목길,
그리고 새하얀 벽면이 한가롭고
한적한풍경을 만들어 보는이의 마음을
한결 편안하게 한다..

이곳 오스투니는 어제 보았던 레체처럼
오래된 도시인데 화려하지도
웅장하지도 않고 접하기 쉬운
일상 속의 보석 같은 편안하고 정겨운
느낌의 도시다.

• 오스 투니 (Ostuni) 에서 내려다 보이는 바다와 올리브나무 밭 평원

• 오스 투니 (Ostuni) 에서 내려다 보이는 바다와 올리브나무 밭 평원

• 오스 투니 (Ostuni) 식당

• 오스 투니 (Ostuni)내의 도로

• 오스 투니 (Ostuni) 광장

• 오스 투니 (Ostuni) 골목길

또한 바닷가 언덕에 자리잡고 있어
도시가 높다랗게 자리를 잡고 있는
모습이고 그곳에서 내려다보는
바다 풍경도 그림같이 아름답고
시야로 들어오는 올리브나무로
들어찬 녹색의 평야도 보기드문 풍경이다.

• 오스투니 대성당

• 오스투니 성곽

• 오스투니 대성당

• 해안 절벽의 마을에서 본 모나킬레 다리쪽 멋진 해변 전경

• 폴리냐노 아 마레 해안 석회암 절벽위에 아슬 아슬하게 지은 건물

모노폴리, 폴리냐노 아마레

• 해안절벽위에 밀집 해 있는 모노폴리 전경

• 모노폴리 항구앞에서

오늘은 모노폴리 올드타운 관광을
위해 8시30분에 빌라를 나섰다.
우선 올드타운에 있는
카를로 5세의 성을 먼저 보려고 한다.

카를로 5세의 성은
스페인의 지배 기간에 지어진
모노폴리의 16세기 요새이다.
성은 모노폴리 의 올드 포트 근처에
도시의 역사적 중심지에 있다 .

• 이른 아침 모노폴리항구 어선에서 갓잡은 생선을 흥정하고 있는 광경

• 모노폴리항구 모습 왼쪽에 카를르5세 성이 보인다.

116

• 카를르 5세 성 입구

• 카를르 5세 성

성은 16세기 전반부에
이 지역의 해안 요새의
일부로 황제 카를 5세에 의해
1552년에 지어졌다.

• 카를르 5세 성벽

1600년에 요새는 외부와 내부 모두
확장되고 재구성되어 성을 순전히
방어적인 건물에서 주거용
건물로 탈바꿈했다.
19세기 전반기에 성은 감옥이 되었고
1969년에야 폐지되었다.

한동안 방치되다가 1990년대에
축성되어 현재는 회화,
사진전 등 중요한 문화행사
장소로 사용되고 있다.

성은 오각형 요새로
축조되어 방어를 위해
유리한 구조이다.
정문은 원통형 타워가 세워진
남쪽에 있다.

탑의 왼쪽에는
고대 성벽의 잘 보존된 부분이
여전히 보인다.

• 카를르 5세 성

• 모노폴리 올드타운 골목길

• 카를르 5세 성에서 바다 연결 통로

이렇게 오전에
서둘러서 올드타운을 보고
오후 일정을 위해 모노폴리에 있는
생선가게(Pescheria S F Da Paola)로
가서 빌라에서 점심을 하기위해
생선을 사가지고 빌라로 갔다.

빌라 2층 옥외 식탁에
사가지고 온 생선으로 점심을
한상 잘 차려놓고
모처럼 집에서 한가히 편안하게 먹는
점심이 었다.
식사후 3시까지 휴식을 하고
빌라앞 해수욕장에서 해수욕 하려는데
오늘도 오후들어 바람이 거세져서
수영은 못하고 바다물속에 몸만 잠간씩
담그며 모래사장에 누워 일광욕만 했다

아드리아해 해변 백사장에 누워
먼나라 이탈리아의 파아란 하늘을 보고
있노라니 수없는 상념의 편린들이
뭉게구름처럼 피어난다.

• 카를르 5세 성 진지 요새

• 빌라앞 해변 해수욕장

• 모노폴리 생선가게 Pescheria S F Da Paola

• 모노폴리 생선가게 Pescheria S F Da Paola

• 빌라앞 해변

• 빌라 2층 옥외 식탁에 차려진 점심상

• 빌라앞 해변, 파도가 거세게 불어 파도가 출렁인다.

• 포리냐노 아마레 올드타운 입구

이렇게 두어시간 해변에 있다가
빌라로 올라가 6시까지 빌라에서 휴식 후
엊그제 요트보트 타느라 가본
폴리냐노 아 마래를 해안쪽에서는
그날 충분히 봤지만 육상에 올라가
제대로 보려고 한다.
특히 구시가지와 다이빙 Point 등을
자세히 보고싶었다.

눈부신 아드리아 해의 보석 '이탈리아

• 폴리냐노 아마레 올드타운 입구

• 폴리냐노 아마레 올드타운 입구

'폴리냐노 아 마레'는
절벽 위에 세워진 이탈리아 남부 풀리아
주의 작은 해안가 마을이다.

이 마을은 아드리아해의 해안
석회암 절벽위에 형성되어 있어
그 어느곳에서도
볼수없는 멋진 뷰를
마을 어디서나 원없이 볼수 있는
이탈리아의 숨은
보석 같은 마을이다.

• 폴리냐노 아 마레 해안 석회암 절벽 위에서 본 바다

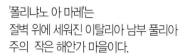

• 폴리냐노 아 마레 해안 석회암 절벽위에 아슬 아슬하게 지은 건물

• 폴리냐노 아 마레 해안 석회암 절벽

• 폴리냐노 아 마레 해안 석회암 절벽위에 아슬 아슬하게 지은 건물

국내에는 아직 잘 알려져 있지 않지만
이탈리아인들과 유럽 관광객들에게
인기있는 휴양지 이다.

6시에 빌라를 출발하여
폴리냐노 아마래에 바로 도착해서
어제 해상 요트에서 보았던
다이빙대회 했던 주변 해변을
모나킬레 다리위에서 내려다보니
그곳이 멋진 뷰 포인트 이다.

다이빙대 옆 해변을 바라다 볼수있는

• 모나킬레 다리위에서 본 어제 다이빙 대회가 열렸던 멋진 해변 전경

• 모나킬레 다리위에서 본 멋진 해변 전경

해안선 절벽위 마을에서 내려다 보는
뷰도 엄청 좋았다.
절벽위 올드타운 마을 어디서나 보는
뷰는 모두 하나같이 어디서도
쉽게 볼수없는 절경이다.

이렇게 호안 절벽위 올드타운을
대략 보고 저녁식사후
올드타운을 다시 보기로하고
8시 예약 해 놓은 식당으로 걸음을 옮겼다.

오늘 예약한 식당은 이 도시에서 최고의
폴리아식 고기 전문점인 식당 Osteria piga 이다.
실내도 있는데 날씨도
선선하고 좋아서
야외에 차려진 식탁에 앉았다.

• 해안 절벽위 마을에서 본 모나킬레 다리쪽 멋진 해변 전경

• 해안 절벽위 마을에서 본 아래쪽 절벽위 마을 전껑

• 식당 Osteria piga 정문

• 오리다리 에피타이져

• 카치오 카발로 치즈와 아르굴라 야채를 얹어 먹는 Beef 카르파쵸 (육회)

• 와이너리 Cantine San Marzano의 프리미티보 포도밭 (구글에서 인용)

• 프리미티보 포도 (구글에서 인용)

우선 에피타이저로 피스타치오 가루 뿌리고 무화과 꿀을 곁드린 올리브유에 익힌 오리다리 에피타이져 그리고 볼에 넣고 녹인 카치오 카발로 치즈, 치즈와 아르굴라 야채를 얹어 먹는 Beef 카르파쵸 (육회)를 주문했다.

오늘 주문한 와인 ANNIVERSARIO 62는 이 고장 와인이며 적포도주로 포도품종은 프리미티보, 생산지역은 이탈리아 Puglia Primitivo di Manduria, 와이너리는 칸틴 산 마르자노 (Cantine San Marzano) 이다.

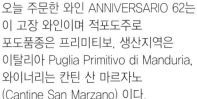

• 래드와인 ANNIVERSAR(

와이너리 Cantine San Marzano가 설립된 해(1962)를 기념하는 이 리제르바(Reserva)는 약간 덜 익은 프리미티보 포도의 모든 힘과 풍부함을 표현하기 위해 바리크에서 18개월 동안 숙성되었다 한다. 강렬하고 복합적인 와인으로 놀라울 정도로 지속력이 뛰어나며 부드러우며 미세한 탄닌이 풍부한 무거운 느낌의 풀바디 와인이다.

풍부한 맛의 이와인은 붉은 고기에 어울려 오늘 주문한 메인 Meet 메인요리에 적합하다.

• 귀모양의 엔초비가 들어간 orecchiatte 파스타

• 감자재료로 만든 파스타

• 그릴 Beef요리

• 그릴 Lamb

다음 메인디쉬로는 귀모양의 엔초비가
들어간 orecchiatte 파스타와
글루틴 프리 감자재료로 만든 파스타
그리고 그릴 LAMB 요리,
그릴 Beef 요리를 각각 주문했다.

유명 맛집답게 에피타이져도 구미에
맞고 맛있다 메인 요리인
그릴 Lamb과 Beef요리도
우리 입맛에 맞고 맛있었다.

식사후 올드타운을 마저 보았다.
절벽위 마을에서 내려다 보는 밤바다는
출렁이는 해안선에 잔잔한
파도소리와 함께 다시 체험할수 없는
잊지못할 추억이라 생각된다.

• 바다 마을의 밤 전경 이곳출신 유명한 카초네가수의 동상이 앞에 보인다.

올드타운 중심가에 있는
1935년 문을 연 유명 젤라또집에서
아이스크림을 넣은
에스프레소Espresso 커피인
아포가토를 한잔씩 시켜먹고
빌라에 도착하니 저녁 10시이다.
오늘 하루도
모노폴리 올드타운에서 시작해
폴리냐노 아 마레 올드타운까지 매우
흥미있고 즐거운 시간들이 었다.

• 밤 바다 전경

이탈리아 남부 와인과 함께하는 미식여행

• 유럽 관광객들로 붐비는 스머프마을

알베로벨로, 치스테르니노

• 올리브 농장

• 몇천년을 끊질기게 버티며 살아가는 올리브나무

오늘은 이부근에 있는
작은 도시 알베로벨로(Alberobello)를
보기위해 9시에 서둘러서 출발했다.

가는 동안 그저께 갔었던
올리브 농장을 지나가게 되는데
양쪽으로 보이는 들판에는
온통 올리브 나무로 채워저 있다.

이런 고온의 척박한 땅에
어떻게 올리브란 식물이 이렇게
생명력있게 몇백년 아니 몇천년을
끊질기게 버티며 살아가는지
정말 불가사이한 일이 아닐 수 없다.
올리브나무의 생존력이 이세상
어느 동식물보다도
가장 뛰어나다고 생각된다.

"석회암으로 대지를 이루는
이지방에서는 트롤로(Trollo)라고
부르는 석회암으로 쌓아올린 벽위에

• 원추형의 지붕의 톡특한 구조의 하얗게 벽을 칠한 가옥 트롤로(Trollo)

• 청명한 하늘아래 아름다운 알베로벨로(Alberobello)마을

• 알베로벨로(Alberobello)마을 중앙 광장

• 이른아침부터 몰려오고 있는 유럽 관광객들

납작한 잿빛돌로 쌓은 원추형의 지붕의
톡특한 구조의 하얗게 벽을 칠한 가옥을
볼 수 있는데 특히 알베로벨로는
오래된 시가지 전체가 이런 유형의
가옥으로 대부분 지어저 있다. "

「이탈리아의 작은 마을
알베로벨로(Alberobello)는
만화 '개구쟁이 스머프'의
스머프들이 살아가는
버섯 마을의 모티프가 된 곳이다.

고깔 모양의 지붕을 한
나지막한 집들이 옹기종기 모여있는
풍경을 보면, 금방이라도
스머프가 흥겨운 노래를 부르며
저 문을 박차고 나올 것만 같다.

• 아름다운 스머프 마을의 신비스러운 트롤로 가옥들

• 마을 골목마다 관광객이 찾아온다

그래서 이곳의 애칭은 스머프 마을
또는 동화 마을이기도 하다.
이 신기하게 생긴 집들은
'트룰로(Trullo)'라는 이름의 가옥으로,
오직 이탈리아의 알베로벨로에서만
볼 수 있는 고장 특유의 가옥이다.」
「story casa.com 인용」

Alberobello는
이태리어로 "아름다운 나무"라는
뜻이라 한다. 이도시는
이곳 남부 풀리아주 바리 광역시에
속하는 작은 도시이다.
인구 수는 고작 10,735명이며
이와같이 고유한 트룰로
(여러채를 일컬을때는 트룰리)
가옥으로 유명하다.

트룰리(Trulli)는 풀리아 남부 지역에서
발견된 석회암 주거지로,
선사 시대의 건축 기술이 아직
이 지역에서 사용되고 있음을 보여
주는 뛰어난 사례라 한다.

• 알원추형의 지붕의 톡특한 구조의 하얗게 벽을 칠한 가옥 트롤로(Trollo)

• 하얀백색에 회색 꼬갈을 쓴 트룰로(Tru
펼쳐지는 아름다운 뭉게구름과 파아란 ㅎ

• 신비한 트룰로 가옥

• " 너무나 아름다운 그림같은 트룰로(Trullo)마을 전경"

• 중앙 도로 양쪽으로 늘어선 트룰로 가옥

• 알베로벨로(Alberobello)마을 골목에 관광 상품점

• 트룰로(Trullo)마을 골목마다 화초로 장식해 놓았다.

• 트룰로(Trullo)가옥의 버섯모양의 지붕들이 정겹다.

이 유적은 오늘날까지
손상되지 않고 이어져 내려왔을 뿐만
아니라 주거 기능을 유지하고 있으며
선사시대 건축 기술에 바탕을 둔
건축물로는 예외적인 사례기기 때문에
뛰어난 보편적 가치가 있다 한다.

이곳 트룰리를 보기위해
아침부터 수많은 관광객들이 줄지어
쏟아져 들어 오고 있다.
모두 유럽인들이다.

• 몽환적인 아름다운을 간직한 스머프의 고장 트룰로(Trullo)마을

동양인은 우리밖에 없는것 같다.
오늘 이곳 뿐만아니라
그동안 남부 이탈리아 폴리아지방을
여행하는 동안에도
동양인 관광객은 거의 본 기억이 없다.
그들은 주로 대도시 중심의 유명
관광지를 주로 선택하기 때문인것 같다.

트룰리 건축이
선사 시대 부터 전해 내려오는
건축기술이라 하니 그리고 그곳에서
아직까지도 사람들이 산다고 하니
매우 경이롭고 신기함을 느낀다.
동화속 그림같은 아름다운 집들이다.

• 너무나 아름다운 그림같은 트룰로(Trullo)마을 전경"

• 버섯 모양의 트룰로(Trullo)가 아름다운 알베로벨로(Alberobello)마을에서 "

• 아름다운 알베로벨로(Alberobello) 트룰로(Trullo) 마을 전경을

132

• 알베로벨로(Alberobello)마을 성당에 관광객들

• 신비로운 스머프의 마을, 동화마을

• 유럽 관광객들로 붐비는 스머프마을

• 유럽 관광객들로 붐비는 스머프마을

• 한폭의 그림같이 아름다운 알베로벨로(Alberobello)마을 전경

• 알베로벨로(Alberobello)마을 골목마다 유럽관광객 들로 붐빈다.

• 동화속 그림같은 아름다운 전경의 스머프의 마을

• "알베로벨로(Alberobello)마을 골목마다 관광을 즐기는 여행객들"

• 트룰로 골목이 동화속 같이 너무나 아름답다.

• "알베로벨로(Alberobello)관광을 즐기는 관광객들"

우리는 다음 일정을 위해
아쉬움을 뒤로하고 알베로벨로 관광을
끝내고 12시30분 점심이 예약된
치스테르니노(Cisternino)로
가기위해 다시 길을 나섰다.

가는 중간에
로코로톤도(Rocorotondo)라는 마을을
지나게 되는데 이곳은 인구 14000명의
소도시로 이탈리아에서 가장 아름다운
마을 중 하나로 손꼽히고 있다.

그런데 점심 예약 시간때문에 그냥
스킵하게되어 무척 아쉬웠다.

• 청명한 하늘 아래 멋진 뭉게구름이 펼쳐지는 골목길

• 알베로벨로(Alberobello)관광을 즐기는 유럽 관광객들

• 아름다운 작은 마을 로코로톤도(Rocorotondo)전경

• Puglia 지역의 아름다운 여러 마을중 가장 매력적인 마을 치스테르니노 (Cisternino)

예약된 식당이 있는 치스테르니노
(Cisternino)도 Puglia 의 Brindisi 지방에 있는
11,169 명의 작은 도시 이다.

풀리아(Puglia)의 기복이 심한
평야에 자리 잡은 새하얀 도시
치스테르니노(Cisternino)는
Puglia 지역의 아름다운 여러 마을중
가장 매력적인 마을 중 하나이나.
풀리아의 다른 작은 마을보다
훨씬 덜 알려져 있다.
그러나 치스테르니노(Cisternino)는
이탈리아에서 가장
아름다운 마을 중 하나로 선정되었다.

원래 그리스 정착민에 의해
설립된 이 도시는
한니발(Hannibal)의 풀리안(Puglian)
캠페인 동안 파괴 되었다.

그후 이곳은 800년대에 이곳에

• Puglia 지역의 아름다운 여러 마을중 가장 매력적인 마을 치스테르니노 (Cisternino)

• 치스테르니노 (Cisternino)

• 치스테르니노 (Cisternino) 구도심

• trulli들이 이마을을 더욱 아름답게 장식한다

그리스 정교회 수도원을 지은 바실리누스
수도사들에 의해 재건되었다.

아름답게 장식된 문과 창문, 다양한
교회와 광장 유명한 trulli들이 이마을을
더욱 아름답게 장식한다.
그러나 무엇보다도 Cisternino에서
우리의 눈을 끄는것은 고풍스러운 분위기 인것같다.

우선 식사예약 시간이 30분
(식당 open시간) 남아 식당주위
Cisternino 구도시 골목길을 대충 돌아
보았다. 다른 도시와 거의 같은
건축기법에도시 형태도 비슷했다.

• 폐목으로 만든 트로이 목마가 무척 정겹다.

좁은 골목길이
어찌나 깨끗하게 정돈되었으며
집집마다 예쁘게 꾸미느라 노력한
흔적이 보였다.
좁은길 바닥은 몇백년동안
사람들의 왕래로 닳아서 반짝반짝
윤이나서 자칫 잘못 디디면
그냥 미끄러질 정도이다.
얼마나 많은 세월의 흔적인가하는
숙연한 마음이 든다.

• 고풍스런 치스테르니노 (Cisternino) 구도심 전경

• 고풍스런 치스테르니노 (Cisternino) 구도심 전경

• 치스테르니노 (Cisternino) 구도심 골목길

• 좁은길 바닥은 몇백년동안 사람들의 왕래로 닳아서 반짝반짝 윤이나고 깨끗하다.

• 집집마다 꽃장식으로 예쁘게 꾸미느라 노력한 흔적이 보였다..

• 골목마다 예쁜꽃장식을 하며 아름답게 가꾸려는 노력이 돋보인다.

예약된 이지역 Cisternino의 바베큐
맛집인 'trattoria bere vecchie'식당은 구도시 골목길안
식당가에 있었다.
우리가 제일 먼저 도착한 손님이 었다.
우리는 좁은 골목안 한쪽으로
나란히 놓여져있는
식탁중 한자리에 앉았다.

• 좁은길 바닥은 몇백년동안 사람들의 왕래로 닳아서 반짝반짝 윤이나고 깨끗하다.

• 바베큐 맛집인 'trattoria bere vecchie'식당

• 바베큐 맛집인 'trattoria bere vecchie'식당 메뉴

• 'trattoria bere vecchie'식당의 야외 식탁

• 전채요리 Antipasto Della Casa

전채요리로는
Antipasto Della Casa를 시키고
메인요리는
이식당이 바베큐 meat 맛집이라
우선 남자 둘은 Mixed 바베큐인
Arrosto Misto와 구운 감자 Patate
AI Forno 2인분을 시키고
와이프와 딸 여자 둘은
엔초비와 아스파라가스, 블로콜리를
곁드린 귀모양의 파스타인
Orecchiette Alle Cime Di Rapa 와
Meat Ball 요리인
Poloette AI Sugo 를 각각 시켰다.
그리고 이지역 와이나리의 로제와인도
한병 주문했다. .

우리 모두 아침을 건너뛰어서 음식들이
모두 더 맛이 있었다.

• Mixed 바베큐인 Arrosto Misto

• Mixed 바베큐인 Arrosto Misto

• 귀모양의 파스타인 Orecchiette Alle Cime Di Rapa

• 구운 감자 Patate AI Forno

이식당에서 독창적으로 마련한
전체요리는 하나 하나가 다
처음 맛보는 새로운 맛이었다.
그리고 이태리의 오랜전통의 각종
살라미(Salami)가 와인맛과
함께 입맛을 돋구웠다.

메인요리는 서로 셰어링해서
먹었는데 돼지고기, 소고기 바베큐와
여러종류의 독특하게 양념된 소세지로
구성된 Mixed 바베큐도 기름진
고기인데도
바베큐한데다 독특한 양념맛에
전혀 느끼한 맛이 없고
짭짤한 맛과 고기 특유에 고기맛이
불향이 베어 독특한 맛의 아주
맛이 있는 바베큐였다.

그리고 올리브 기름과 함께 구운
통감자 맛이 일품이었다.

또 엔초비 가루와 함께
아스파라가스와 블로콜리를 함께한
귀모양의 파스타도
이집만의 독창적인 요리같았는데
그맛이 매우 특이 하며
엔초비를 적당히 맛을 낼 만큼만
넣어서 그런지 비린 맛이 전혀 안나고
새로운 맛을 창출 해
그맛으로 인해 처음 경험하는
독특하게 맛있는 파스타였다.
Meat Ball도
미국이나 한국 다른 어디에서
먹어봤던 Meat Ball과 비교해서
월등히 맛이 있다고 생각 되었다.

전체적으로 이식당은 맛집으로
손색이 없는 이집만의 독창적인
요리로 모든 사람들을 행복하게

• Meat Ball 요리인 Polpette Al Sugo

• 전채요리 및 메인요리

만드는 아주 손님들에게 성의를
다하는 훌륭한 맛집으로 생각된다.

빌라가기 얼마전 해변에 있는
재미있고 독특한 수영장소인
Calette di Torre Cintola를 잠간
들려 보기로 했다.

• 모래 해변이 아닌 모래사장과 바위로 이뤄진 해수욕장

• 모래 해변이 아닌 모래사장과 바위로 이뤄진 해수욕장

• 모래 해변이 아닌 모래사장과 바위로 이뤄진 해수욕장

• 모래사장과 바위로 이뤄진 해수욕장

예전에 주택 건축물과 교회건축물을
짓기위한 채석장으로 쓰던 곳으로
일반적인 모래 해변이 아닌 모래사장과
바위로 이뤄진 해수욕장으로
발을 보호하기 위해 암초 신발이
확실히 필요할것 같다.
날씨가 바람이 좀 부는데도
몇몇 사람들이 해수욕과 일광욕을
즐기고 있었다.

우리는 희한한 해수욕장을
대충 구경을 하고 빌라로 돌아와
빌라앞 해변에서 해수욕을 하려다
바람이 불고 날씨가 서늘하여 해수욕은
내일 하루종일 하기로 하고
빌라에서 휴식을 가졌다.

그리고 저녁은
딸이 준비한 한식을 들었다.
먼저 에피타이저로
오이 토마도와 구운치즈,

• 빌라앞 해변 해수욕장

말린호박 무침, 올리브기름에 담근
참치생선을 넣은 토마도
그리고 오늘 방문했던 알베로벨로
지역에서 생산된 래드와인 한병.

메인요리는 돼지고기 김치찌게에다

쌈장에 찍어먹는 오이, 양념김,
간장 양념 깻잎저림, 양파,
마늘 돼지고기 볶음 하고 오랫만에
한식으로 저녁식사를 하고 나니
이제야 고향생각이 났다.

• 바위로 된 히한한 해수욕장

• 저녁 한식 밥상전 에피타이저

• 모노폴리 올드타운 골목길

• 오전 빌라앞 해변 해수욕장

모노폴리

• Villa Porto Marzano

오늘로서 이번 여행일정의 반을 넘어
벌써 11일차다.
아름다운 해변 모노폴리에서
이제 마지막 6일째다.
내일이면 다음 예정지인
고대도시 마테라(Matera)로 간다.

그동안 이곳 아름다운 해변 빌라
(Villa Porto Marzano)에서 6일 동안이 꿈결
같이 어느새 흘러 갔다.

아드리아 해변을
바로 앞에 둬 언제나 마음 먹으면
해변에서 쉽게 해수욕과 일광욕을 하며
모래사장에 누워 휴식을 즐길수 있고
또한 이곳에서 수시로
이 부근 명소들을 쉽게 갔다.
올 수 있었던 아름다운 해변 빌라에서
짧은 휴양기간이 못네 아쉬움이 든다.
오늘은 아름다운 해변 휴양지를
아쉬움을 남기고 떠나가야 하는
전날이라 아무 일정도 잡지 않고

• Villa Porto Marzano(구글에서 인용)

• 빌라 1층 전면

• 오전 빌라앞 해변 해수욕장

• 아침식사

빌라에서 휴식을 하며 앞에 해변에서
수영으로 하루종일 빌라에서
쉬는 일정이다.

아침과 점심은 빌라에서 하고
저녁은 모노폴리 올드 타운에 있는
맛집인 스페인식당에 예약되어 있다.

아침에 모처럼 늦잠을 자고
느즈막하게 일어 났더니 딸내외가
점심을 빌라에서 먹기위해
이미 모노폴리 시내에가서 점심 거리
해산물 장을 봐 왔고

간단한 아침식사로 과일에다
베이컨을 넣은 계란 스크렘블을 준비했다.
이렇게 간단히 아침식사를 하고
오전 시간은 빌라앞 해변에서 해수욕과
일광욕을 하려고 한다.

• 오전 빌라앞 해변 해수욕장

수영복 복장으로
큰 수건 등을 준비 해 해변으로 나갔다.
해변에는 벌써 부지런한 몇몇
이곳 해수욕객들이 일광욕을 하고 있었다.

오늘도 날씨가 바람이 좀 불어
해수욕 하기엔 썩 좋치는 않으나
그런데로 물에 들어 가니 물은 그렇게
차갑지 않고 적절했다.

내일이면 이렇게 아름다운 해변을 두고
떠난다는 아쉬운 마음에
우리는 바다물속을 들락 날락하며
해변 모래사장에 누워 일광욕을하며
두어시간을 휴식을 가졌다.

오늘 이처럼 아담하고 예쁜 해변도
마지막이라니 무척이나아쉬운 마음이다.

그동안 날씨가 안 따라줘
만족스러운 해수욕을 못해 빌라에서
보낸 시간들이 약간은
아쉬운 마음이 들기도 한다.

• 오전 빌라앞 해변 해수욕장

• 오전 빌라앞 해변 해수욕장

• 오전 빌라앞 해변 해수욕장

• 홍합과 새우

점심 시간이 되어 딸이 아침에 장을 봐온
싱싱한 해산물로 점심을 차렸는데
전문 식당에서 차린것 이상으로 거창했다.
연어, 참치, 새우, 홍합조개 등
싱싱한 해산물 회와 우리가 어렸을때는
자주먹었는데 요즈음은 기억에
사라지다 싶이한 맛살조개 찜을 준비했다.

아침에 장을보다
맛살 조개를 발견하고 사가지고 와
요리를 해서 맛있게 먹으며 옛날 생각을
했다. 그외에 된장찌게에
문어 호박 볶음, 호박 두부 부침 등
여러가지 음식을 한상 잘 차렸다.
어제 저녁에 빌라에서 저녁식사하면서
마시던 알베로벨로 (Alberobello)
지역에서 생산된 래드와인 ABEA 를
반주로 마셨다.

• 점심메뉴 호박 두부 부침이

• 점심메뉴 야채 사라다

• 점심메뉴 오이

• 올리브 등

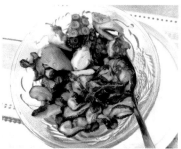

• 점심메뉴 호박 문어 볶음

• 맛살 조개

• 빌라에서 점심식탁

• 래드와인 ABEA

• 참치, 연어 등

• 청록색의 바다와 하얀 뭉게구름과 청명한 하늘의 아름다운 조화

오후에도 해변에서 보낼 예정이었으나
오후되니까 바람이 더욱 거세어 져서
빌라에서 야외침대에 누워
일광욕을 하는 등 휴식을 가졌다.

빌라 야외침대에서 누워
멀리 바라다 보이는
아드리아 해 청록색의 바다와
하얀 뭉게구름과 청명한 하늘의
조화로운 원색의 그림이 너무나 아름답다.

이제 저녁 식사는
이곳 모노폴리에서 마지막 만찬이다.
지금까지 주로 이탈리아 식당에서
식사를 했는데 오늘은 이곳 모노폴리에서
이름난 맛집인 스페인식당

• 스페인식당 Hostaria de Don Juan Spanish

• 바다바람이 세어지자 조용해진 해변가

• Don Juan 스페인 식당 야외 식탁

150

• 모노폴리 올드타운 골목길

• 모노폴리 올드타운 골목길

• Don Juan 스페인 식당 입구

• Don Juan 스페인 식당 야외 식탁

• Don Juan 스페인 식당 야외 식탁

Hostaria de Don Juan Spanish 에
예약 했다고 한다.

식당은 모노폴리 올드타운 중심가에
주차를 해 놓고 꼬불 꼬불 골목길을
이리 저리 돌아 한참을 가니
골목안 옛날 건물로 이뤄진 주택가
한가운데에 식당이 있었다.

일반차는 들어 올 수도 없는
이런 골목안에 있어도 유명 맛집이니까
다 찾아 오는 모양이다.

식탁은 식당안에도
있지만 식당앞 야외 공간에 식탁들이
차려저 있었다. 식당 테이블들과
현관들이 마주하고있는 앞집 옆집
주민들은 불편할것만 같았다.

이 식당은 스페인식 스테이크등
육류가 전문이나 요즈음 계속 육류를
먹어 오늘은 스페인식 리조또를 먹기로 했다.

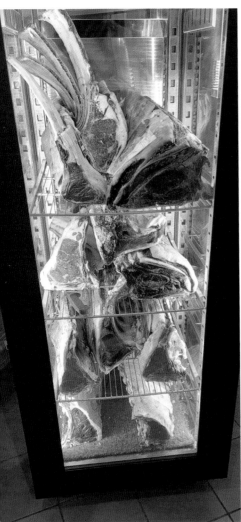

• Don Juan 스페인 식당에 에이징 중인 육류고기

우선 에피타이져로
이식당의 특화된 요리인 살라미와
갈릭 브레드와 치즈 3종세트에
살구, 블루벨리잼을 주문했다.

평소 살라미를 좋아하는데
이 집 살라미는 짜쪼름한 맛과 함께
혀끝으로 씹히는 돼지고기 맛의 풍미가
더욱 좋았다.

또 나는 치즈를 특별히 좋아하지도
싫어 하지도 않는데
세종류의 각종치즈를 살구잼과
블루벨리잼을 각각 발라 먹으니까
잼 종류에 따라 그 맛도 다르게
치즈 맛과 잼의 달콤한 맛이 어우러저
감칠맛이 있어 맛있게 먹을 만했다.
와인 안주로 더욱 좋았다.

메인요리로는
네그라 파에야 오징어 먹물 리조또인
돈후앙 리조또
또 닭고기, 돼지고기, 소고기, 그리고
소새지와 각종해산물 페파로니 리조또를
각 각 주문했다.

이런 종류의 리조또는
처음 먹는데
우리 모두 그렇게 썩 맛있게 먹지
못해 무척 아쉬웠다.

• 에피타이져 살라미

• 브레드

• 갈릭 브레드

• 치즈 3종세트에 살구, 블루벨리잼

• 네그라 파에야 오징어 먹물 리조또인 돈후앙 리조또

• 달콤한 푸딩 디저트

• Don Juan 스페인 식당 실내

• 로제 와인 카바(Cava)

이식당이 스페인식 스테이크등
육류 전문점이라 그런지 '이탈리아
리조또 요리는 만족 스럽지 못했다.

오늘 스페인식
이탈리아 리조또와 함께 마시는 와인은
카바나콜라 와이너리의
로제 와인 카바(Cava)이다.

이 와인은 스페인의 스파클링 와인으로
바르셀로나 외곽지역에 인접한
페네데스지역에서 생산된다.

출시 전에 최소 1년 동안 와인을
숙성시켜 와인을 조화시키고
풍미를 더한다.

이 와인은 음식 친화적이며
간단한 튀김 및 반죽 생선 요리,
크림 리조또, 로스트 치킨 및 칠면조,
대부분의 돼지고기 및 치즈 콤보와도
정말 잘 어울린다.
알콜농도는 11.5%이다.

• 페파로니 리조또

• 멀리 보이는 둥그런 바위 덩어리에 동굴 교회가 있고 그 아래 큰 바위 덩어리에 우리가 묵고있는 동굴 호텔이 있다.

이탈리아 남부 와인과 함께하는 미식여행

• 마테라 구도시를 뒤로하고

마테라

아침 10시에 그동안 잠시나마 행복한 시간을 보낸
빌라 '포르토 마르차노'
(Villa parto Marzano)를 Check out
하고 다음 목적지 마태라(Matera)로 향했다.

시간이 멈춘 도시 마테라(Matera),
시간이 멈춘듯한 중세모습을
그대로 간직한 도시 마테라.

경이적인 고대도시 마테라(Matera)는
지금 머물었던 동쪽 해안도시
모노폴리에서 자동차로 약 2시간반 떨어진
서북쪽 내륙에 있는 도시다.
마테라는 인구 약 600만명의 이탈리아 남부
바실리카타주 마테라도의 도청 소재지이다.

• 마테라 가는길 하늘도 청명하다

• 마테라 가는길 안내 표지가 보인다

• 마테라가는길에 넓게 펼쳐지는 평야에 올리브 나무 농장들이 보인다.

• 한가로운 마테라 가는길

• 마테라 가는길 넓은 평야에 가는곳 마다 펼쳐지는 포도나무밭과 뭉게구름이 한가

• 마테라 View Poin 주차장

• 마테라 신도시 시가지

• 마테라 View Poin 가는길

마테라(Matera)가는 동안에 시야에
펼쳐지는 풍경들이 너무나 아름답다.
솜사탕처럼 고운 뭉게구름과
청명하게 맑은 가을 하늘이 계속
펼쳐져 더욱 아름다운 풍경이 었다.

가도 가도 계속되는 넓은 평원은
올리브 나무와 포도나무들로 이어지는
정경이 너무나 이제는 익숙한 풍경이 되었다.

11시 30분에 마테라 초입에 있는
View Point 에 도착했다.
이 View Point에서 멀리 마테라를
한눈에 볼수 있는 지점인데 이미 주차장에
많은 차들이 주차하고 있었다.

차를 놔두고 한참을 멀리 걸어 가야 하는데
우리는 너무 멀리 떨어져 있는
View Poin 까지 가는것을 포기하고
마테라로 직접 빨리 가기로 했다.

마테라 구도시는 그곳에 거주하는 현지인만이
차량을 이용할 수 있고 관광객 등 외부인의
차는 진입할 수 없어
우선 신시가지에 있는 호텔지정
주차장에 주차를 하고 택시에 짐을
옮겨 싣고 구도시에 있는 호텔까지 이동했다.

• 마테라 동굴 호텔 '라 코르태 데이 파스토리' (La Corte del Pastori)에
도착. 정문앞이다.

• 호텔 입구

• 호텔 내부 정원

• 호텔 경내

12시30분 동굴 호텔
'라 코르태 데이 파스토리'
(La Corte del Pastori)에 도착해
Check in을 했다.

우리가 예약한 호텔객실은
수천년 된 동굴을 개조한 동굴 객실이다.
수많은 옛 사람들이 대대로 이어오며
수천년을 살아온 그 동굴속에서
잠을 잔다고 생각하니
좀 으시시한 생각이 들고
엄청난 새로운 경험의 시간 여행을
하는것 같다.

7천년의 고대도시 마테라.
그동안 폴리아 지방을 여행하면서
마주하는 광경들은 하나같이 경이로웠다.

이제는 마테라 도시속에
깊숙히 들어왔다.
오늘 처음 마주친 마테라,
놀라움과 경이로움 그 자체이다.

고대인들의 지혜와
자연에 적응하는
그들의 문화에 감탄했고 이탈리아를
더욱 이해하게 만든 여행이다.

• 호텔 Riception

• 우리 부부가 묵을 동굴 객실 입구 문

158

· 호텔 경내

· 우리 부부가 묵을 동굴 객실 내부

· 동굴내 객실 침대. (왼쪽 위편에 동굴 바위 표면이 크랙간곳이 보인다.)

세상에 어디에도 없는 도시 마테라,
마테라는 최근 이탈리아를 넘어
유럽의 주목을 한몸에 받고 있는 도시로서
2019년 유럽 문화 수도로 선정되었다.

이탈리아 각 도시들은
서로가 전혀 다른 자신들만의 독특함으로
각자만의 색깔을 가지고 있다.
그중에서도 특유의 고유성을 더욱
굳건하게 가진 도시가 마테라다.

이곳에서는
선사시대의 동굴 형태가
그대로 남아 있는 거주지에서 시간을
되돌려 과거를 여행할 수 있게 된다.
그런 이유로 세계 어디에서도
볼 수 없는 마테라만의 투박하고
순수한 멋을 경험 할수 있다.
또한 이곳에서는
마테라의 일상 문화를 가까이서
직접 체험할 수 있기 때문에
여행의 진정한 묘미를 체험 할 수 있다.

· 욕실

· 동굴객실 내부

동굴 거주지를 호텔 혹은 식당으로
개조한 공간은 마테라에서 꼭 가 봐야
할 관광 Point라고 생각된다.

우리가 미처 알지 못했던
이탈리아의 숨겨진 보석은 따로 있다.
2000년 이상 세월의 흔적을
이어오며 원형 그대로 보존돼 있는 곳,

오랜 삶의 흔적이 켜켜이 쌓여 있는 곳,
바로 선사시대부터 이어온
'마테라(Matera)의 동굴 주거지
사씨(Sassi)'다.

• "계곡 넘어 멀리 동굴교회와 우리가 묵고있는 동굴호텔이 있는 큰
바위 덩어리가 보인다."

• 정면에 보이는 동그런 바위 덩어리에 동굴 교회가 있고 그아래 큰 바위 덩어리
가 묵고있는 동굴 호텔이 있다 정면 센타 맨아래 부분에 내가 묵고있는 객실의 객
실 유리문이 아주 작게 보인다. 모두 동굴 주거지 사씨들을 이용했다.

• 호텔 객실앞 View Point에서

• 호텔 객실앞 View Point에서

• 마테라 구도시 전경

• 마테라 구도시를 뒤로하고

• 마테라 앞에 깊은 협곡에 동굴 주거지 사씨(Sassi)

시간이 멈춰버린 마테라의 동굴
주거지 '사씨'(Sassi)
마테라에는 가파른 협곡에
터전을 일구고 동굴을 파서 군락을
이룬 채 2천년 이상 지속적으로
삶을 이어온 동굴거주지
'사씨(Sassi)'가 자리하고 있다.

사씨(Sassi)는 이탈리아에서 인류가
최초로 정착한 자연 동굴 주거 형태로
점차 발전하며 암반을 뚫고
집과 교회가 들어서게 되면서
오랜 기간에 걸쳐 형성된 마을로서
지금까지도 동굴 거주지가 그대로
유지돼 있고 그 곳에서 삶을 이어가는
사람들이 있다는 사실이 정말로
놀랍기만 한다

• 깊은 협곡에 동굴 주거지 사씨(Sassi)

• 동굴 주거지 사씨(Sassi)

• 동굴 주거지 사씨(Sassi)

• 동굴 주거지 사씨(Sassi) 마을

오랜 세월 속 이 마을은
역사의 흐름 속 때로는 번영하고
쇠락의 길을 걷기도 했다.
실제 9세기경 종교 박해를 피해온
수도사들이 숨어 살기도 했다.

이러한 역사를 반영하듯
영화 '패션 오브 크라이스트
(The Passion of Christ)' 촬영지로
마테라 사쏘마을이 등장했으며,
영화에서 예수가 십자가를 지고 힘겨워
했던 장면과 못 박히는 장면 등이
연출됐다.

또 마을이 점점 성장하면서
언덕 쪽으로 올라가면서
더 많은 집을 짓거나 동굴 주거지를
파기도 했다. 그러나 이후 점차 쇠락,
19세기 중반 까지는
약 3,000여개 정도의 사씨에
사람들이 살았으나 대부분 빈민층들이
모여서 힘겹게 살았고,
다른 지역에 비해 외면 받으며
관심 속에서 멀어졌다.

그러다 1950년대 이탈리아 정부는
가난과 질병을 이유로 거주민들을
마테라 밖으로 이주시켰다.
그 이후 빈 사씨들을
대상으로 전통적인 형태는 보전하면서
천천히 보수 공사가 진행됐다.

약 40년 후 집을 떠난 사람들 혹은
그들의 자녀들이
다시 마테라로 돌아오면서 새로운
에너지가 유입되었고 그것이 마테라
부활의 시작이었다.
　　　　　(Google 마테라 편 참조)

호텔에다 짐을 풀고 점심을 하기위해 걸어서
20분 거리에 있는 마테라식 유명 맛집
동굴식당 'Oseria Pico'로 향했다.

식당은 동굴속에 있는
아주 흥미로운 구조이다.
동굴속 꽤 넓은 공간에
고급식당시설이 잘 차려졌다.

• 마테라 전경을 뒤로 하고

• 마테라 구시가지 전경

• 마테라 구시가지 전경

• 식당 Oseria Pico 현관

• 식당 Oseria Pico 입구

우선 식사부터 주문했다.
애피타이저로 살라미와 치즈외 3가지
메인요리로는
파스타 3가지 종류와 그릴 Beef를 주문했다.

이곳 관광도시에
유명한 맛집답게 에피타이저도
이집만의 독창적인 요리로 맛이 좋았다.
그리고 메인으로 시킨 파스타 요리도
그동안 가본 어떤 식당의 파스타 맛과
비교해도 뒤떨어지지 않는 훌륭한 맛이다.

• 에피타이저, 치즈, 살라미, 마른 고추 볶음, 화바빈과 치커리 숩, 파인애플 등 과일 야채 사라다   • 미트볼   • 동굴내부 식당

• 돼지고기 무침

• 호박 저림

• 피스타치오 파스타

• 페리첼로(Ferricello) 파스타

• Cavatelli 파스타

• 그릴 Beef

164

• 고색 창연한 회색의 고대도시 마테라 전경

점심 식사후 소화도 시킬겸
천천히 걸으며
보게되는 몇천년 신비한 고도
마테라의 모습에
신비함과 경외감을 느끼지 않을 수 없다.

점심후에는 호텔의 동굴
객실에서 휴식을 했다.
시간이 몇천년전으로 소급된 느낌으로
실내 공기도 무겁게 착 가라앉은
정체된것 같은 묘한 느낌이다.

• 마테라 마을 앞 도로

• 말 동상

• 마테라 마을 앞

• 마테라 시가지 도로에서 내려다 본 계곡과 아래 마을

• 마테라 건물 모습

5시까지 휴식을 끝내고 5시15분부터
우선 맛배기로 저녁 6시까지
45분간 툭툭택시로 마테라 구시가지를
주마간산으로 한바퀴도는 관광을 했다.
주요도로와 좁은 골목 골목을 한바퀴 돌며
마테라의 전체적인 모습을 대략적으로 보게 되었다.

우리가 묵고있는 호텔 (La Corte del Pastori)이
바로 최고의 View Point다.
이곳에서 사방 으로 고도 마테라의
주요 관광 Point는 다 전망된다.

• 베네통 매장

 7시30분에 저녁식사로
피자를 먹기로 하고 밖으로 나오니까
무척이나 추웠다. 가지고 온
옷들이 모두 여름용이라 시원치않아
약간 당황 스러웠다.

• 마테라 마을 전경

저녁노을이 비치고 있는
마테라 시가지 전경이 또다른
아름다운 전경으로 다가온다.

시내 중심가에 유명한
'girotondo di pizza matera'
피자집을 가기위해 택시를 탔다.
신시가지 중심가에 있는
피자집을 가다보니 바로 건너편에
유명한 이탈리아 명품점 베네통이
있는데 마침 50% 세일을 하고 있었다.

• 호텔 객실앞 View Point 에서 본 저녁노을에 물들어 가는 건너편 마을 풍경

• 호텔 객실앞 View Point 에서 본 저녁노을에 물들어 가는 건너편 마을 풍경

• 호텔 객실앞 View Point 에서 본 저녁노을에 물들어 가는 건너편 마을 풍경

• 올리브 등 에피타이저

• 마르겟다 피자 등 세판

우리는 유명제품인 베내통
겨울 외투들을 반값에 저렴하게
구입해서 입고 추위를 피할 수 있어
다행이었다.

'girotondo di pizza matera'
피자집에서 Crocchetta피자와
Girotondo피자 등을 시켜서 먹었다.
유명 피자집답게 피자맛이
어느곳 못지 않게 맛이 있었다.

외투도 뜨듯하게 입었겠다 우리는
피자집에서 돌아 올때는
마테라의 골목 골목
밤길을 걸어서 왔다.
걸어서 오다보니 중간
중간에 볼만한 곳들이 있었다.

• 호텔가는 마테라의 골목길에서 만난 스페인 출신의 초현실화가인
살바도르 달리의 시계작품

• 호텔가는 마테라의 골목길

• 호텔가는 마테라의 골목길

이탈리아 남부 와인과 함께하는 미식여행 *13*

• 성모마리아 동굴교회 계단앞에서

마테라

• 동굴생활 가구

• 동굴생활 침대 침대밑에다 닭을 키웠다.

마테라의 첫날밤을 잘 보냈다.
7천년전 구석기시대에서 부터
수많은 각 시대의 사람들이 거주하며
잠을 자던 동굴에서
시간이 멈춘 마테라의 첫밤을
보내며 무엇보다 그 시대를 살다간
선인들을 생각하며
인간의 삶를 다시한번
생각하게 된다.

온갖 희노애락을 격으며
영겁의 세월속에
숫한 세대로 살다간 선인들,
그들의 고단했을 삶의 궤적을 떠 올리며
또 한편으로
나자신의 현세대의 삶을 생각하며
많은 생각들이 오고갔다.

시간여행을 하며
시공을 초월해 그 선인들의 시대로
소급 해 가서
그들의 삶을 반추 해 보기도 한다.

아무튼 생각지도 못했던
아주 특별하고 소중한 체험이다.

오늘은 오전부터
어제밤 잠자리에서 생각했던
이 동굴에서 살다간
선인들의 삶에 대해 많은 생각을 했는데
오늘 이부근에 있는
구석기 시대부터 살아온
옛사람들의 동굴 삶에대한 체험관을 관람 했다.

• 동굴생활 자료관 입구

• 동굴생활 기구들

• 동굴생활 체험관 관람객들

• 동굴생활하며 말도 한공간에서 키웠다함

그 체험관은
Sasso Caveoso의 한가운데에
솟아 있는 큰 석회암 절벽인
Monterrone의 상부에 있는
성모마리아 교회 부근에 위치하고 있다.

우리가 묵고있는 호텔은
성모마리아 교회아래 Monterrone에
있었던 동굴에 위치한다.

여러가지 삶을 살아간
선인들의 삶의 발자취와 그시대
유물을 보며 그들의 현명함과 삶에
대한 끊임없는 애착과 노력을 보고
그시대 사람들에게 동병상련의
애틋한 연민의 정을
느끼지 않을 수 없었다.

그리고 다음으로
우리 묵고있는 호텔 상부에 있어
호텔이 이고 있는것과 같은
마테라 성모마리아 교회를 관람하러
자리를 옮겼다.

• 부엌에 각종 생활 도구들이 보인다.

• 실내 부엌옆에 있는 우물 두래박이 보인다. 물은 밖에서
빗물을 받아 안으로 들어 오도록 유도했음

• 성모마리아 교회 올라가는 길.

이 교회의 정식 명칭은
'이드리스의 성모 마리아'
(Santa Maria de Idris)교회이며
이 교회는 Sassi 내부에 있다.
반석에 새긴 반석교회이다.
즉 동굴 교회이다.
그것은 Sasso Caveoso의 한가운데에
솟아 있는 큰 석회암 절벽인
Monterrone의 상부에 위치하고 있다.

사소 카바보소 (Sasso Caveoso) 는
마테라 (Matera) 시에 있는 지역이다.
이곳은 구석기 시대부터 거주해온
고대 바위로 엮인 동굴 거주지로
유명하다.

또한 이 Santa Maria De Idris 교회는
다시 쉽게 말하자면
바위 같은 박차에 서 있고

• 성모마리아 교회에서 청명한 하늘과 마테라 전경을, 뒤로하고

• 성모마리아 교회

• 성모마리아 동굴교회 계단앞에서

• 성모마리아 동굴 교회 정문 앞에서

• 성모마리아 동굴교회 앞에서

• 성모마리아 교회에서 바라 본 마테라 전경

• 성모마리아 교회에서 보는 고대도시 마테라

• 성모마리아 교회에서 내려다 보는 계곡

그리 쉽지 않은 계단을 통해 갈수
있지만 방문할 가치가 충분히 있다.

이 교회는 14세기로 거슬러 올라가며
단일 방으로 구성되어 있으며
다소 파괴된 프레스코화를
보존하고 있다.

교회는 1218년에
지어졌지만 수세기에 걸쳐
수많은 변화와 개조를 거쳤으며
원래의 특징 중 많은 부분이
시간이 지나면서 사라졌다.

17세기에 교회는 완전히 개조되었고
현재의 외관이 지어졌다.
이교회는 마테라 인기 관광지 중
한곳이다.
교회 관람이 끝나고
점심이 예약된 식당으로 가기위해
호텔부근에서 버스를 타고
10분 거리에 있는 식당으로 갔다.

• 식당 'LA NICCHIA DEL SASSO' 셰프인 주인 부부

버스에서 내려 한 5분정도 걸으니까
식당 'LA NICCHIA DEL SASSO'에 도착했다.

우리는 전망이 있는 외부 자리를
원했는데 자리를 정해 주는 과정에서
오래전에 예약했는데도
불구하고 햇살이 드는 곳으로
좌석을 정해 주는 등 종업원이 매우
불친절 해서 다른 식당으로 옮기려다가
햇살이 안드는 좀 나은 좌석으로
바꾸어줘 그대로 있기로 했다.

• 소고기타르타르

• 소고기카파치오

• 로제와인

• 셀몬 카파치오

• 계란으로 덮은 타르타르

• 시베스찜

• 생선찜

• 훈제삼겹살

• 침치스테이크

• 호텔 현관

• 호텔내 정원

그과정에서 셰프인 주인 부부가 나와
사과 비슷하게 인사도 하고
관심있게 친절하게 대해 줬다.

이곳 오스테리애(Osteria
간단한 음식과 와인을 서빙하는 식당)는
셰프 Vito Carbone과
아내 Eufemia의 직업에 대한
열정으로 전통 Lucanian 요리를
향상시키는
작고 현대적인 Osteria를 함께
관리하여 몇년전 마테라 유네스코
세계 문화 유산의 Sassi 중심부에서
개업했다 한다.

이식당은 이처럼
Sasso Barisano의 아름다운
전망을 즐기며
Osteria 밖에서도
점심/저녁 식사를 할 수 있다.

우선 우리는 음식을 주문했다
애피타이저로 소고기 카파치오,
소고기 타르타르
그리고 셀몬 카파치오를 주문했고
메인요리요리로는
시베스찜, 생선찜, 훈제삼겹살,
참치스테이크를 주문했다.

음식은 요리사인 주인 부부 두사람의
정성과 많은 노력으로 깔끔하고
창의적이고 탁월한 맛의 요리들이다.

다른 식당으로 안옮기기를
잘 했다는 생각이 들었다.

식사후 버스를 타고
호텔로 돌아와
오후내내 휴식시간을 가졌다.

• 호텔에서 보는 마테라 전경을 뒤로하고

• 호텔에서 보는 마테라 전경을 뒤로하고

저녁시간이 되어 저녁식사를 위해
호텔 건너편에 있는
식당 'La Nicchia nel Sasso' 으로 갔다.

이 식당은 마테라 중심가에 있으며
동굴속에 있는 식당으로
View 또한 매우 좋았다.

• 호텔에서 보는 마테라 전경을 뒤로하고

• 동굴호텔네에서 우리 객실 연초록 유리 정문이 보인다.

• 식당 La Nicchia nel Sasso 올라가는 계단

저녁시간이 되어 저녁식사를 위해
호텔 건너편에 있는 식당 'La Nicchia
nel Sasso' 으로 갔다.

이 식당은 마테라 중심가에 있으며
동굴속에 있는 식당으로 View 또한 매우 좋았다.

아마 마테라에서 최고로 시설도 잘 되어 있고
요리도 잘하기로 소문 난 맛집이다.
우리가 묵고있는 호텔 건너편 언덕에
걸어서 한 6분 거리에 있다.

아마 오늘 저녁만찬이 요근래 먹은 음식중
최고의 명성인 식당에서
최고의 만찬이 될것으로 기대가 된다.

야외 모든 좌석이 모두 뷰가 좋지만
날씨가 좀 쌀쌀 해져서 실내로 잡았다.
실내 인테리어가 매우 고급스럽고
잘 되어있고 안내도 매우 친절하다.

• 식당 La Nicchia nel Sasso 현관

• 동굴식당 식탁

• 동굴식당 식탁

• 수박 오이 딸기섞은 주 스, 딸기주스,

• 동굴식당 내부

우선 주문을 하는데
수박,오이, 딸기 섞은 주스와 딸기주스,
마테라빵 등이 식전음료와 빵으로 나왔고
전채요리는 저온에서 익힌 계란요리,
송아지 고기 육회,
치즈롤을 올린 리코타지즈

훠스트 요리는 참치 가스오브시 튜브파스타
시금치 반죽 누들에 버섯 사슴고기 파스타
바질 페스토와 토마토소스 파스타

• 마테라빵

• 저온에서 익힌 계란요리,

• 송아지 고기 육회

• 시금치반죽누들에 버섯 사슴고기 파스타

• 치즈롤을 올린 리코타지즈

• 참치 가스오브시 튜브파스타

• 바질페스토와 토마토소스 파스타

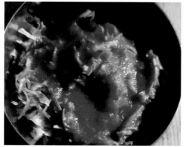

• 바질페스토와 토마토소스 그루틴프리 파스타

• 돼지볼살 요리,

• 양파스테이크에 치즈소스 요리

• 오늘의 생선 찜요리

• 그루틴 프리 생선 찜요리

• 비스켓에 과일 무스올린 후식, 머랭 등 후식 디저트

그루틴 프리 파스타

세컨요리는 돼지볼살 요리,
양파스테이크에 치즈소스 요리,
오늘의 생선 찜요리 2세트

디저트는 호박모양 비스켓안에
마테라 특산 가지쨈을 넣은 후식과
비스켓에 과일 무스올린 후식,
머랭 (계란 흰자에 설탕 섞어 만듬)을
주문했다.

• 식당 내부 복도

오늘 저녁은
4가지 코스요리, 훌 코스로 시킨
만찬이었다.
음식 재료의 질과 모양이며
최상이었다.

그러나 너무 기대가 컷던지
음식맛은 기대에 약간 못 미쳤다.
그러나 무엇보다 정성과 노력을 드린
창의성은 돋보였고 분위기는 최고였다.

동굴속을 이처럼 아름다운 공간으로
디자인하고 각색 해 편안한
분위기를 만든 노력이 또한 돋보였다.
한마디로 고급스러웠다.

• 식당앞 계단

• 호텔 객실 테라스에서 본 마테라 협곡등 여러가지 전경

이탈리아 남부 ^{와인과}
^{암께하는} 미식여행 **14**

• Cantine Polvanera Winery

마테라 ▶ 바리

• 동굴 호텔 La Corte del Pastori

• 호텔 객실 테라스에서 본 마테라 전경

오늘은 그동안 2일간 머물었던
아름다운 동굴 호텔 '라 코르테 데이 파스토리'
(La Corte del Pastori)를 나와
다음 행선지로 출발 하려고 한다.

신비한 마테라를 보기 위해선
가장 좋은 위치의 호텔이다.
마테라 구도심 중앙에 있고 어느방향에서든지
마테라의 모습을 완전하게 볼수 있고
카메라에 담을 수 있다.

이곳 호텔 객실의 테라스가 바로
View Point이다.

우아하고 낭만적인
동굴 객실과 테라스는 우리가
마테라에 머무르는 동안
매우 흡족하고 만족한 시간을 주었다.

이제 수천년을 이어 오면서 수시대 많은
선인들의 애환과 발자취가 머물던 곳,
나 또한 오늘 이곳에
작은 흔적을 남기며 홀연히
떠나고저 한다.

이제 아담하고 예쁜 마테라의 동굴 호텔
La Corte del Pastori를 떠나며
먼나라에서 온 여행객으로서 한조각
편린의 정을 남기고 싶다.

오늘 오후 바리에 도착하기전에
Wine Testing을 위해 45분 거리에 있는
Polvanera 와이너리로 향했다.

182

• 호텔 객실 테라스에서 본 마테라 여러가지 전경

와이너리 가는 동안 이어 지는
이탈리아 남부지방의 시골길은
언제나 봐도 정겹고 넓은 평원에 펼쳐지는
올리브나무와 포도나무 행렬의
낯익은 풍경들이 이제는 마냥 정겹게만 보인다.

Cantine Polvanera Winery는 가족 전통으로
와이너리의 역사를 이어 왔다.

이 와이너리의 와인 지하 저장고는
석회암으로 이뤄진 대지를
8m깊이로 굴착하여 만들었기 때문에
이 매력적인 구조는 일정한 온도에서
와인을 숙성할 수 있게 해 준다.

Polvanera는 Apulia의 유명한 관광
지역 옆에 위치하고 있으며
Matera에서 30분 거리에 있다.

• 이탈리아 남부지방의 시골길

• 평원에 이어지는 올리브나무의 행렬

• 평원에 이어지는 올리브나무의 행렬

• Cantine Polvanera Winery 공장

• Cantine Polvanera Winery

Cantine Polvanera Winery는 Primitivo 및
기타 자생 포도나무의 품질을 향상시키는
야심찬 프로젝트를 그동안 꾸준히
계속 해 오고 있다 한다.

전통을 이어오며 이러한 혁신적인 꾸준한 노력이
Polvanera Winery의 지속적인 성장을
가져왔다고 생각된다.

특히 이곳에서 생산된 와인은
전형적인 우아하고 신선한 미네랄 향을 가지고 있다.

이곳 와이나리에 오는 동안 포도밭으로
이어 지던 평원에 느닷없이 갑자기
나타난 우뚝 자리를 잡고 있는 거대한
포도주생산 공장 건물이 우리를
반갑게 맞이하는 듯하다.

• Cantine Polvanera Winery

• Cantine Polvanera Winer 와인 테스팅 장소

• Cantine Polvanera Winery에 많은 와인 애호가들로 붐비고 있다

• Canine Polvanera Winery Wine Testing

우리가 이렇게 도착한
Cantine Polvanera Winery는
이미 많은 와인 애호가 여행객들로
붐비고 있었다.

이곳은 와인애호가 여행객들의
포도주 시음을 위한 시설이
잘 마련되어 있었다.

우리는 우선 와인이 저장되어 있는
석회석 암반 속에 마련된
지하저장고로 안내되어 이곳
와이너리와 포도주 생산과 저장에 관한
설명부터 들었다.

• Canine Polvanera Winery

그런후 우리팀을 담당하는
안내자가 별관 건물인
1820년대 저택에 마련된
와인 Testing 시설로 안내했다.

• Cantine Polvanera Winer 와인 테스팅 장소

• 지하 와인 저장고

• Cantine Polvanera Winery 의 와인 생산시설

그곳에서 우리에게 별도 팀으로
와인 Testing이 시작되었다.
이곳에서 생산되는 다양한 와인들인
스파클링와인, 로제와인, 화이트와인,
오렌지와인, 레드와인 등에 대한
하나 하나 설명을 들으며 시음하는
시간을 가졌다.

◆Wine Testing Note 1
- Spumante Brut Rose
• 스파클링 와인
• 포도 품종 Primitivo
• 알콜농도 12.5%
• 페어링은 전채 요리, 첫 번째 및
두 번째 해산물 요리, 흰 살코기 또는
신선한 치즈와 잘 어울린다.

• 지하 와인 저장고

• Cantine Polvanera Winery

• Spumante Brut Rose 와인

• MACCHIA DI GATTO-36 MESI 와 MONTEVELLA- 36 MESI

• Wine Testing 진행자가 시음 할 와인에 대해 열심히 설명하고 있다.

• 와인 시음하며 간단히 음식도 함께한다

• 비앙코 달레사노와 폴바네로 비앙코

• 와인과 함께하는 팬케익

• 비앙코 달레사노(Bianco d'Alessano) 포도

높으며 각종 해산물, 스시, 리조또, 감자,
쌀과 홍합, 피자, 신선한 치즈와 잘 어울린다.

◆Wine Testing Note 3
- 몬테벨라(Montevella) - 36 Mesi
• 로제 스파클링 와인 PuGLIA지역
• 포도 수확 년도 2017년
• 포도 품종은 다양한 종류와 프리미티보
• 생산 지역은 "Montevella",
• 알코올 함량은 11% vol.
• 음식 페어링은 살라미 소시지, 세미 하드 치즈,
가지 파르미지아나, 생선 수프, 토마토 파스타 및
흰 고기와 잘 어울린다.

◆Wine Testing Note 4.
- 비앙코 달레사노 BIANCO D'ALESSANO
• 화이트 와인
• 2021년 12.5%
• 생산지역 Macchia di Gatto
• TASTE 아름답고 신선함과 신맛이 물씬 풍기는
풍부하고 만족스런 맛
• Bianco d'Alessano 는 와인의 균형을 유지하기에
충분한 산도와 함께 좋은 미각을 나타낸다 .
• 음식 페어링은 칠리, 로켓 파스타 블루 치즈,
배, 호두 샐러드, 태국 그린 카레

◆Wine Testing Note 5.
- 폴바네로 비앙코 POVANERA BIANCO
• White wine
• 포도품종은 미누툴로(Minutolo)
• 생산지역은 Puglia 지방 Polvanera
• 포도수확년도 2021년
• 알콜 농도 13%
• 이 와인은 향긋한
꽃향기와 과일 향이 특징이다. 잘 익은 열대 과일,
자몽, 하얀 꽃 향이 코와 입천장에 전달한다.
• 맛은 섬세하고 향긋하며 신선한 신맛이 특징이다.
• 음식 페어링은 너무 까다롭지 않은 생선 요리,
생선, 조개, 치즈, 흰살 생선에 어울린다.

◆Wine Testing Note 2.
- 마키아 디 가토(MACCHIA DI GATTO) -36 MESI
• Polvanera 스파클링 화이트 와인
• 포도품종은 여러가지 품종을 포함한
토종 백포도 블렌드
• 생산지역 Macchia di Gatto
• 알코올 함량은 12% vol.
• TASTE 는 신선함과 함께 긴장되고
길고 만족스러운 한 모금
• 음식 페어링은 식탁에서 활용도가 매우

• 와인 테스팅 진행자가 시음 할 와인을 딸아주고 있다

• 식빵과 살라미 안주

• 풀리아 지방 전통 빵인 프리젤레와 올리브 오일을 곁들인 토마토 토핑

◆Wine Testing Note 6.

- 폴바네라 베르데카 오렌지 와인 Polvanera VERDECA Orange Wine

• Polvanera Verdeca의 Orange wine 은 Polvanera 와이너리가 Puglia의 고전적인 포도로 생산한다.

• 맛은 풍부하고 부드러우며 좋다.
매우 밝은 황동색으로 깨끗하고 투명하며 말린 살구와 복숭아 씨의 향이 난다.

• 오렌지 없는 오렌지 와인, 오렌지 와인은 오렌지로 만들지 않는다. 로제 와인과 색이 비슷한 이 와인은 당연히 포도로 만든다.
분명 색은 로제와 비슷한데 '화이트' 와인이다.

• 화이트 와인의 한 종류인 오렌지 와인은 청포도로만 만든다.

• 폴바네라 베르데카 오랜지

◆Wine Testing Note 7.

- POLVANERA 16 과 POLVANERA 17 프리미티보

• 생산지역 이탈리아 풀리아,
 조이아 델 콜레 (GIOIA DEL COLLE)

• 포도 수확 2016년 2017년

• 유형 레드와인

• 생산자 칸틴 폴바네라

• 포도품종은 프리미티보 (PRIMITIVO)

• 이탈리아 풀리아지역

• 명칭 조이아 델 콜레 (GIOIA DEL COLLE)

• 16은 과일 향과 산도가 극도로
 균형을 이루는 와인.

• 17은 신선하고 우아하며
 중요한 풍미와 끝없는 피니시가 특징이다.

• 시음 포도주잔

• 와인시음시 함께 하는 안주

POLVANERA 16 과 POLVANERA 17
프리미티보 와인

• 프리미티보 (Primitivo) 포도(적포도)

Cantine Polvanera Winery는
이렇게 좋은 음식과 함께 환상적인
Wine Testing 프로그램으로 그들이 생산하는
와인에 대한 훌륭한
투어를 제공해 깊은 인상을 주었다.

그리고 오늘 이곳에서 이탈리아 와인에대한
많은 관심과 이해를 넓히게 되었다.

이렇게 Polvanera Winery의 Wine Testing
투어를 마치고 출발 해 2시에 바리에 도착하였고
호텔 딜만 럭셔리(Dilman Luxury)에 체크인 했다.

호텔은 이름 그대로 지금까지의 고전적인
호텔과 달리 객실 구조도 특별했고
실내 시설들도 현재 인터넷 최첨단 시대에 맞춰
나름대로 첨단화 시키려 노력한 흔적이 보였다.

호텔이 바리(BARI) 신시가지 중심지역에 있어
쉽게 주위 시가지 관광 및 베네통 쇼핑을 했다.
저녁식사는 칼칼한 한국 음식이 먹고 싶어
호텔에서 오랫만에 가지고 온
컵라면으로 대신 했다.

• 바리 호텔 딜만 럭셔리(Dilman Luxury)

• 호텔 주변도로

• 바리 호텔주위 시가지

이탈리아 남부 와인과 함께아는 미식여행 15

• 아름다운 중세 도시 몬탈치노 (구글 인용)

바리 ▶ 몬탈치노

• Hotel ,Dilman luxury 테라스에서 본 바리 뒷골목

오늘은 그동안
우리의 풀리아(Puglia) 여행에
거점 도시였던 바리(Bari)를 마지막으로
이탈리아 남부 풀리아여행을 마치고
로마를 거쳐 다음 여행지
몬탈치노(Montalcino)를 가고자
아침부터 일찍 서둘렀다.

우선 아침식사는
호텔 조식대신 국내에서 가지고 온
김치볶음, 맛김 등과 함께 누룽지를
끓여 아침식사를 간단히 했다.

8시45분
호텔(Hotel,Dilman luxury)출발하여
바리공항에 도착해 렌트카를
반납하고 11시30분,
바리공항 국내선 로마행 항공기에
탑승했다.

• 누룽지를 끓린 아침식사

• 바리 공항

• 바리 상공에서 본 지상 모습

로마까지 비행하는
1시간 동안 국내선이라 그런지
비행고도를 낮게 잡아 창밖으로
펼쳐지는 이탈리아 중부지방 지형을
상세하게 볼 수 있었다.

그동안 우리가 차량을 타고 가며 본
남부지역과 달리 중간 중간에
산야가 펼쳐지곤 했다.
그러나 대부분 넓은 평야가
시원스럽게 펼쳐지는 지형이
우리나라와 달리 훨씬 여유러워 보였다.

전체적으로 인구에 비해
땅덩어리가 넓어서 인구밀도가 적어
여유로운 삶을 살기에 좋은
환경이라고 생각된다.
12시30분에 로마공항에 도착하여
우선 렌터카 부터 인수했다.

• 바리 상공에서 본 지상 모습

• 로마공항 승객들

• 항공기에서 본 중부지형의 모습

• 로마공항 짐 찾는 승객들

• 몬티끼엘로 마을 입구

• 오스테리아 라 포르타 와인바

우리는 몬탈치노로 가는 중간에 있는
몬티끼엘(Monticciello)를 보는
일정인데 가는중에 날씨가 흐리더니
비가 주룩 주룩 내리고 있어
몬티끼엘로 마을에 도착 했지만
투어를 제대로 할 수 없었다.

그래서 마을 중간에 있는 오스테리아
라 포르타(Osteria La Porta)라고 간판이
쓰인 와인바에 비도 잠시 피할겸 들어 갔다

와인 1병과 살라미 안주를 시켜 마시며
처음 찾아온 미지의 이탈리아
시골마을 창밖으로 보이는
비에 젖은 전경이 한결 고즈넉하게 보이며
지금까지 여행지에서 보던 또다른
한적하고 아름다운 시골마을 풍경이다.

• 오스테리아 라 포르타 와인바 실내

우리가 주문한
와인 '비노 노빌레 디 몬테풀치아노'
(Vino Nobile di Montepulciano)는
이탈리아 중부 브루초 지역의
몬테풀치아노 포도로 만든 적포도주이며
이 와인은 주로 Sangiovese
포도 품종으로 만들어지며
소량의 다른 지역 품종과 혼합된다.

이 와인은 리제르바(Reserva)이므로 오크
배럴에서 최소 1년을 포함하여 3년 동안 숙성된다.

이 산지오베제(Sangiovese) 기반
레드 와인(Red Wine)인
노빌레 와인(Nobile Wine)은 유명한
토스카나(Toscana) 이웃인 키안티(Chianti)와
브루넬로 (Brunello)만큼이나 주목할 만하다 .

신선하며 가볍고 향긋한 절묘하게 맛있는
노빌레 와인 (Nobile Wine)은
진정으로 모든 것과 어울린다.
오늘 안주로 주문한 살라미 소시지와도
너무나 궁합이 잘 맞는것 같다.

• 안주로 주문한 살라미

• 래드와인 비노 노빌레 디 몬테풀치
아노(Vino Nobile di Montepulciano)

• 래드와인 Vino Nobile di Montepulciano

• 래드와인 비노 노빌레 디 몬테풀치아노

• 비에 젖은 중세도시 몬티끼엘로 (Monticchiello)

아름다운 중세도시
몬티끼엘로 (Monticchiello)는 이탈리아
중부 토스카나(Toscana)에 있는 마을이다.
2001년 인구 조사 당시 인구는
213명이었다 한다.

이곳 토스카나 (Toscana)전체에서
가장 아름다운 중세 마을 중
하나로 생각되는 곳이다.

그리고 Monticchiello는
오랜시간을 지내오는 동안
물리적 및 문화적 역사를 간직 해 왔다.
멀리서 보면 몬티끼엘로(Monticchiello)는
언덕 꼭대기에 자리 잡고 있는
튼튼한 타워로 보인다.
세월의 흔적으로 점철된 성벽과
중세 유적이 비에 젖어
약간 을씨년 스럽게 보인다.

• 중세도시 몬티끼엘로 (Monticchiello)

• 비에 젖은 중세도시 몬티끼엘로 (Monticchiello)

• 비에 젖은 중세도시 몬티끼엘로 (Monticchiello)

• 비에 젖은 중세도시 몬티끼엘로 (Monticchiello)

오늘 빗속에서 보는 고색창연한
몬티끼엘로(Monticchiello)는
아무래도 시간이 멈춘 것 같다.

이 마을이 수세기 동안 거의 변하지 않았을
것이라는 상상이 된다.
이렇게 한폭의 그림같은 마을 전경이
빗속에서도 더욱 아름다웠다.

이제 비도 어느 정도 잦아들어
마을을 더 돌아보며
몬탈치노로 가는 길을 재촉했다.

중세시대 성벽이 있고 구불구불한 시골길을
가다보면 만나게되는 오랜 세월의 흔적이
남아있는 오래된 마을들이 있다.

아담한 동산위에는 반드시 둥지를
틀고 있는 아담한 농가,

넓은 평원가운데 여유롭게
오롯이 자리를 잡고 있는 외딴 농가,
평화롭고 목가적인 아름다운 풍경이다.

• 빗속에 몬탈치노로 가는 길

• 빗속에 몬탈치노로 가는 길

• 오랜 세월의 흔적 고색 창연한 마을

• 빗속에 아담한 동산위에 아담한 농가.

• 넓은 평원가운데 여유롭게 자리를 잡고 있는 외딴 농가.

그리고 보초서는 키큰 병정같은 사이프러스 나무가 늘어선 목가적인 작은 시골길이 비에 젖어 더욱 서정적인 아름다움으로 닥아 온다.

멋진 포도원과 올리브 나무, 또한 농작물의 황금빛 들판의 환상적이고 조화로운 풍경이 빗속에서 더욱 꿈길을 거니는 것 같다.

• 줄서서 보초서는 키큰 병정같은 사이프러스 나무

• 빗속에 올리브 나무 밭

• 빗속에서도 보초서는 키큰 병정같은 사이프러스 나무

• 아담한 동산위에 아담한 농가.

198

지금 우리가 몬탈치노로
가고 있는 이 지역이 투스카니(Toscani),
꿈의 발 도르시아(Val d'Orcia) 지역에 속한다.

아름다운 풍경이 절대 주인공인
발 도르시아(Val d'Orcia)는
오르시아 강을 둘러싸고 있는 아름다운 곳으로
그 이름이 널리 알려진 풍부한 녹색 계곡은
시에나 주와 그로세토 주 사이에
뻗어 있는 남부 투스카니에 있다.

이들 전체 지역인 투스카니의 매우 아름다운
지역 발 도르시아 (Val d'Orcia)는 유네스코에
의해 세계 문화 유산 으로 보호되고 있다.

우리가 지금 가고 있는 서쪽으로 가면
중세 성벽으로 둘러 쌓인 중세 도시
몬탈치노 (Montalcino)가 있고 브루넬로(Brunello)
와인을 생산하는 포도원에 도착한다.

• 투스카니(Toscani), 꿈의 발 도르시아(Val d'Orcia) 지역 (구글 인용)

• 투스카니(Toscani), 꿈의 발 도르시아(Val d'Orcia) 지역 (구글 인용)

• 투스카니(Toscani), 꿈의 발 도르시아(Val d'Orcia) 지역 (구글 인용)

• 투스카니(Toscani), 꿈의 발 도르시아(Val d'Orcia) 지역 (구글 인용)

• 아름다운 중세 도시 몬탈치노 (구글 인용)

• 성벽으로 쌓인 중세 도시 몬탈치노

• 고색창연한 중세 도시 몬탈치노 (구글 인용)

와인을 찾아가는 토스카니(Toscani) 여행,
몬탈치노(Montalcino).
이들 환상적인 그림 같은 마을에서는
시간이 느리게 가는 것 같다.

오후 5시쯤 몬탈치노에 도착 했다.
몬탈치노는 이탈리아 토스카나주 시에나도에
있는 코무네다.
'브루넬로 디 몬탈치노' 와인으로 유명하다.
인구 2017년기준 5056명의 작은 마을이다.

마을 입구, 성벽 북쪽 아치문안에 있는
호텔 베키아 올비에라
(Hotel VecchiaOliviera)에
Check in 하고 남은시간 호텔에서
휴식을 가졌다.

• 중세 성벽으로 둘러 쌓인 중세 도시 몬탈치노 (구글 인용)

• 마을 입구, 성벽 북쪽 아치문

호텔은 정말 중세시대에 온것 처럼
시설이고 분위기가 착 가라앉아 있고
올디쉬 하다.

객실안 천정은 석가래가
그대로 노출된채로 굉장히 높고
별다른 장식이나 치장도 없는
언바란스한 모습으로 썰렁하다.

다만 창문을 통해 보는 마을
풍경은 황홀하게 아름답다.
그것으로 다 희석이 되는것 같다.

• 객실 창문에서 보는 환상적인 몬탈치노 마을 전경

호텔을 나서며 호텔 부근에 있는
몬탈치노 중심가를 지나서
이마을 맛집으로 예약된 식당
Alle Logge di Piazza로 향했다.

이곳에도 다시 비가 주룩 주룩 내려
우산을 쓰고서 골목길을 가는데
마침 정전이 되었는지
가로등 마저 꺼져 골목길이 어두워 가는 길을
더듬다 싶이 하며 무척 불편하게 갔다.

• 객실 창문에서 보는 환상적인 몬탈치노 마을 전경

• Hotel Vecchia Oliviera

• Hotel VecchiaOliviera 객실

• Hotel VecchiaOliviera 객실

• 객실 창문에서 보는 환상적인 몬탈치노 마을 전경

다행히 가는 길이
호텔에서 그렇게 멀지 않아
얼마후에 식당에 바로 도착 할수 있었다.
식당에도 정전이 되어 깨스불로
밝혀 놓았다.

식당은 몬탈치노(Montalcino)마을의
중심에 위치해 있고 식당은 넓은
공간에 천정고도 높고 씸플한
인테리어에 답답함이 없는
시원스런 공간이어서 좋았다.

• 포도 품종 산지오베제 (Google인용)

• 객실 창문에서 보는 환상적인 몬탈치노 마을 전경

• 식당 Alle Logge di Piazza

202

마침 정전이어서 깨스불로 실내를 밝혀
오히려 분위기는 더 있었다. 우선 와인 부터 선정했다.
와인은 래드와인으로 바로 이 지방에서 생산된
2015년산 브루넬로 디 몬탈치노
(Brunello di Montalcino)를 주문했다.

브루넬로 디 몬탈치노 (Brunello di Montalcino)는
이탈리아에서 가장 소중한 와인 중 하나이다.

브루넬로 디 몬탈치노 (Brunello di Montalcino)는
이탈리아 토종 포도 품종인
산지오베제(Sangiobese)로 만든다.

몬탈치노 주변 포도밭에서 생산되는
산지오베제를 브루넬로(Brunello)라고 한다.

브루넬로(Brunello)는 산지오베제(Sangiovese)
포도의 가장 훌륭한 표현으로 알려져 있다.
많은 전문가들이 이 와인이 역대 최고의 빈티지 중
하나라고 주장한다.

• 2015년산 브루넬로
디 몬탈치노(Brunello
di Montalcino)

• 2015년산 브루넬로 디 몬탈치노(Brunello di Montalcino) 래드와인 식탁

• Alle Logge di Piazza 식당

• Alle Logge di Piazza 식당

• Alle Logge di Piazza 식당

특히 탄닌과 산도가 높아
최소 10년에서 수 십년간 숙성이
가능해서 이탈리아를 대표하는
좌상급 와인으로 대접 받는다.

특히 2015년산 브루넬로(Brunello)가
그해의 제배된 포도 산지오베제
(Sangiovese)의 우수함으로
가장 훌륭한 와인으로 평가 받고 있다.

와인 브루넬로 디 몬탈치노는
흙 버섯 리조또, 고기, 치즈로 만든
많은 요리와 잘 어울리며
푸짐한 채식 요리와도 잘 어울린다.

얼마후에 정전이
해제되어 식당안이 밝게 밝혀졌다.

에피타이저로는
치즈녹인 토스트빵위에 베이컨,
계란 노른자와 케이퍼섞은 소고기 육회,
말린 토마도조림, 치즈빵과 함께
365일 에이징된 돼지고기 살라미,
닭고기 계절 사라다를 주문했고

• Alle Logge di Piazza 식당

• 베이컨을 얹은 치즈녹인 토스트 빵

• 계란 노른자와 케이퍼섞은 소고기 육회

오랫동안 에이징된 돼지고기 살라미는
언제 먹어도 묵직한 래드와인과
너무나 잘 어울린다.

메인 요리로는 야생 멧돼지
고기 파스타, 글루텐 프리
야생멧돼지 파스타, 감자와
Beef Steak, 치즈사라다를 주문했다.

특히 야생 멧돼지 고기 파스타는
돼지고기의 육즙의 깊은 맛으로 인해
지금까지 맛보았던 어떤 파스타보다
한층 감칠맛이 있어 황홀한 맛이었다.

• 그루틴 프리 야생 멧돼지 고기 파스타

• 365일 에이징된 돼지고기 살라미와 치즈빵

• 감자와 Beef Steak

• 치즈 사라다

• 야생 멧돼지 고기 파스타

• 레 키우제(Le chiuse) 와이너리 뒤로 보이는 밭두렁과 평원

• 멀리 발도르차 평원을 뒤로하고

몬탈치노

• 호텔 객실 창문에서 본 안개낀 마을 전경

• 호텔 객실 창문에서 본 안개낀 마을 전경

• 호텔 객실 창문에서 본 안개낀 마을 전경

오늘로서 이여행에 16일차 되는 날이며
이곳 몬탈치노에서 이틀째 되는 날이다.

어제는 오후 내내 비가 제법 내려
여행일정에 많은 지장이 있었는데
아침에 일어 나니
비는 그쳤는데 창밖을 통해 보이는
먼곳에 풍경을 볼수 없을 정도로
많은 안개가 끼어
오전내내 걷힐 낌새가 없다 .

그래서 오늘 오전 일정 계획중에
이곳에서 차로 30분정도 거리에 있는
피엔차(Pienza) 마을관광을 포기하고
다음 일정부터 시작 해야 될것같다.

• 호텔 객실 창문에서 본 안개낀 마을 전경

어제 몬티끼엘로 마을도
비 때문에 제대로 구경을 못 했는데
오늘도 피엔차 마을을 못 가게 되어
무척이나 아쉬웠다.

피엔차(Pienza)는 이탈리아 토스카나주
시에나도에 있는 코무네로서
시에나에서 남동쪽 60km 거리에 있다.

피엔차 역사 지구는 1996년에
유네스코가 지정한
세계유산에 선정되었고,
2004년에는 발 도르차 계곡 전역이
세계 자연 유산으로 등재되었다.

오전 11시가 지나니까 안개가 걷히기 시작한다.
다음 일정인 12시 30분
환티와이너리(Fanti Winery)에서
Wine Testing과 런치가 예정되어있다.

걷혀가는 안개길을 서둘러 떠났다.
안개가 걷히며 보이는 이지역 토스카나주
몬탈치노주변의 자연 환경이
너무나 아름다웠다.

• 호텔 객실 창문에서 본 안개 거친 마을 전경

• 몬탈치노 마을뒤로 멀리 보이는 발도르차 평원

• 멀리 보이는 발도르차 평원

• 사이프러스 나무뒤로 멀리 보이는 발 도르차 평원

• 아름다운 발도르차 평원(Google에서 인용)

평원과 평원에 이어지는
불룩한 동산들이 자주있고
그 동산위에는 반드시 아담한 농가
주택들이 싸이프러스 나무 등
각종 나무들과 함께 아름답게 자리잡고
있는 풍경들이 너무나 목가적이고 서정적이다.

• l아름다운 발도르차 평원에 농가 주택. (Google에서 인용)

예정된 시간에
환티 와이너리에 도착했다.
끝없이 뻗쳐저 있는 포도나무 밭을
지나가다 보니 포도밭 가운데
와이너리 건물들이 보기좋게 모여 있었다.

• 환티 와이너리 본관 건물앞

오늘은 와인 테스팅과 함께 정식으로
런치도 하게 되어 있다.
안내자의 안내를 받아 와인 시음장이
있는 건물로 안내되어 준비된
식탁으로 갔다.

• 환티 와이너리 독립건물

• 와인 테스팅 시작하며 우선 이곳 생산 올리브 오일에 대해 설명한다.

• 빵으로 올리브오일 시식을 한다

• FANTI ROSATO TOSCANA 2021 ROSE Wine 테스팅

이 와이너리에서는 올리브 오일과
와인을 함께 생산하고 있었다.
그래서 올리브오일과
와인 생산과정과 이 와이너리에서
생산되는 대표적인 올리브오일과
여러가지 대표적인 와인에 대한
각 각의 설명과 함께
Wine Testing이 시작되었다.

◆ WINE TESTING NOTE 1.
- FANTI ROSATO TOSCANA 2021
• ROSE Wine
• 와이너리 Fanti
• 생산지 ITALY /TOSCANA /FANTI
• 포도품종 산지오 베제(SANGIOVESE)
• 포도 수확 2021년
• 음식 페어링 식전주로
신선하고 향긋하며 마시기 쉬운 로제이다.
• 미각에 과즙이 풍부하고 우아함과
특성이 결합되어 신선한 과일향으로
오래 마무리된다.

• 살라미 와인 안주

• FANTI ROSSO Red Wine 테스팅

• 살라미 와인 안주

• 와인 테스팅 식탁

◆WINE TESTING NOTE 2.

- FANTI ROSSO Di Montalcino 2020

• Red Wine
• 와이너리 Fanti
• 생산지역 Italy/Rosso Di Montalgino/Fanti
• 포도품종 Sangiobese
• 포도수확 2017년
• 음식 페어링 Beef, Ramb, Game
(Deer ,Venison, Poultry)

◆WINE TESTING NOTE 3

- Fanti Poggio Torto Toscana Ross
 2020 포지오 토르토 토스카나 로쏘

• 레드와인
• 와이너리 Fanti
• 생산지역 Italy /Toscana /Fanti
• 포도품종 Petit Vortot
• 알콜농도14%
• 음식페어링 소스를 듬뿍 뿌린 파스타 요리, 미네스트로네 수프 또는
 후추 버섯과 짝을 이룬다. 숙성 치즈 와 잘 어울 린다.
• 붉은 과일 향과 달콤한 향신료 향. 부드러움과 산도 사이의 매우 좋은 균형.
기분 좋은 신맛과 잘 어우러져 있다. 신선하고 여운이 남는 마무리.

• Fanti Brunello Di Montalcino 2017 Red Wine

• 포지오 토르토 토스카나 로쏘 레드와인 테스팅

• 감자 와인 안주

• Beef 와인 안주

◆WINE TESTING NOTE 4.

- Fanti Brunello Di Montalcino 2017

- Red Wine
- 와이너리 Fanti
- 명칭 Brunello Di Montalcino
- 생산지 Italy/Brunello Di Montalcio/Fanti
- 포도품종 Sangiovese
- 포도 수확 2017년
- 알콜 농도 14.5%
- 음식 페어링 Beef 등 Meat

◆WINE TESTING NOTE 5.

- FANTI BRUNELLO DI MONTALCINO RISERVA 2015 (판티 브루넬로 디 몬탈치노 라세르바 DOCG)

- 레드와인
- 와이너리 Fanti
- 명칭 Brunello Di Montalcino
- 생산지 Italy/Brunello Di Montalcio/Fanti
- 포도품종 Sangiovese
- 포도수확 2015년
- 부드럽고 진한 탄닌, 구조와 산도가 전체적으로 풍부하고 따뜻한 여운을 남기는 와인이다.
- DOCG 등급
- 음식 페어링 소고기, 사슴고기

• 판티 브루넬로 디 몬탈치노 라세르바 레드와인 테스팅

• 파스타 런치

• FANTI BRUNELLO DI MONTALCINO RISERVA 2015

• 와인 테스팅 식탁

◆WINE TESTING NOTE 6.
- FANTI VINSANTO SANT'ANTIMO
- Dessert Wine
- 와이너리 Fanti
- 포도품종(Grapes) Malvasia, TrebbianoGrapes
- 생산지(Region) Italy/ Toscana / Vin Santo /Sant'Antimo
- Alcohol content 14%

Fanti Brunello 2015와 함께 이곳 생산하는 대표적인 와인들을 Testing을 하는 즐거운 시간을 가졌다.

그리고 크로스티니(crostini)와 함께하는 전형적인 토스카나의 Meat Lunch 도 맛있었다.

• FANTI VINSANTO SANT'ANTIMO Dessert Wine 테스팅

• FANTI VINSANTO SANT'ANTIMO Dessert Win

• 와이너리에서 보는 아름다운 전경

• 와이너리에서 보는 아름다운 전경

• 와이너리에서 보는 아름다운 전경

• 와이너리에서 보는 아름다운 전경

• 끝없이 펼쳐진 발도르차 평원

이렇게 오늘 몬탈치노에서 첫 Wine
Testing 투어는 좋은 와인 시음경험과
와인 지식을 쌓아준 좋은 기회 였다.

환티 와이너리에서 와인 몬타치노 2병
디저트와인 2병 올리브 오일
2병을 구입했다.

이곳 환티 와이너리 Wine Testing 투어를
마치고 오후3시에 예약된 레 키우제(Le chiuse)
와이너리에서의 Wine Testing (80분)을 위해서
자리를 옮겼다.

• 레 키우제(Le chiuse) 와이너리 가는 시골길

• 레 키우제(Le chiuse) 와이너리 입구

• 레 키우제 (Le chiuse) 와이너리 입구

• 레 키우제 (Le chiuse) 와이너리 건물

Le chiuse 와이너리에서
그곳의 현지 공장 시설을 돌아보며
생산과정 설명을 마치고 대표적인 생산 와인에
대한 설명과 함께 와인 테스팅하는 시간을
새롭게 가졌다.

• 레 키우제 (Le chiuse) 와이너리 뒤로 보이는 발도르차 평원

• 레 키우제 (Le chiuse) 와이너리 포도원

• 레키우제 와이너리 와인 생산 공장

• 레키우제(Le chiuse) 와이너리 와인 생산 시설 • 레 키우제 (Le chiuse) 와이너리 와인 저장 시설이 와인 매진으로 텅 비었다 • 레 키우제 (Le chiuse) 와이너리 와인 저장 사설

Le Chiuse는 18세기 후반부터 전설적인
Biondi-Santi 가족의 포도원 소유로
대대로 이어져 내려오다
증손녀가 현재 소유주 이다.

1993년 남편 과 그들의 아들 도움으로
Le Chiuse라는 이름으로
와인을 생산하기 시작했다.

이들 와이너리 소유주는
개인적인 선택과 판단으로
BS11 Sangiovese 클론의 60~70년 된
덩굴에서 나온 버드우드를 미국의
대목에 접목하고 최고 품질을 유지하기
위해 수확량을 신중하게 제어했다.

여기의 수확율은 consortio 규칙에서
요구하는 절반으로 줄이는 등
이러한 끊임없는 노력으로
오늘날의 명성을 얻게되었다.

와이너리의 저장고는
최신식인 중력식 저장고이다.

• 와인 테스팅

• 레 키우제 (Le chiuse) 와이너리 와인 저장 시설

• Arpaia Toscana Rosso Red Wine 와인 테스팅

• Rosso Di Montalcino Red Wine 테스팅

• Brunello Di Montalcino Red Wine 테스팅

• Brunello Di Montalcino Red Wine

◆WINE TESTING NOTE (LE CHIUSE 1.)

- Arpaia Toscana Rosso

• Red Wine
• 생산자 레키우제(Le Chiuse)
• 생산지 Italy/Toscana/Le Chiuse
• 포도품종 Sangiovese
• 포도수확 2019334년
• 알콜농도14%
• 음식 페어링 붉은 고기 또는 숙성된 치즈와 잘 어울린다.

◆WINE TESTING NOTE (LE CHIUSE 2.)

- Rosso Di Montalcino

• Red Wine
• 포도수확 2020년
• 와이너리 탈렌티
• 생산자 레키우제(Le Chiuse)
• 생산지 Italy/Toscana/Le Chiuse
• 포도품종 Sangiovese
• 명칭 Rosso Di Montalcino 투스카니 이탈리아
• 알콜농도 14%
• 맛은 강렬하고 강하며 약간 탄닌이 있으며 부드럽고 지속된다.

• 음식페어링 붉은 고기 소스와 함께 제공되는 파스타 요리와 붉은 고기 두 번째 코스, 구운 흰 고기 및 가금류 요리와 잘 어울린다.

◆WINE TESTING NOTE (LE CHIUSE 3.)

- Brunello Di Montalcino

• Red Wine
• 와이너리 탈렌티
• 생산자 레키우제(Le Chiuse)
• 생산지 Italy/Toscana/Le Chiuse
• 포도품종 Sangiovese
• 명칭 Brunello Di Montalcino
• 알콜농도 14,5%
• 산지오베제는 껍질이 더 두꺼운 베리로 유명하며 이 때문에 Brunello는 예외적으로 대담한 과일 풍미, 높은 탄닌 및 높은 산도 를 지닌 와인을 생산한다.
• 이탈리아(및 세계) 최고의 와인 중 하나인 브루넬로 디 몬탈치노 와인은 전통적인 토스카나 언덕 위 마을인 몬탈치노 주변의 슬로프에서 자란 이탈리아에서 가장 높은 DOCG 등급 을 받은 산지오베제 그로소 포도로만 만들어진다.

• Brunello Di Montalcino Riserva Red Wine 테스팅

◆WINE TESTING NOTE (LE CHIUSE 4.)

- Brunello Di Montalcino

• Red Wine
• 와이너리 탈렌티
• 생산자 레키우제(Le Chiuse)
• 생산지 Italy/Toscana/Le Chiuse
• 포도품종 Sangiovese

- 명칭 Brunello Di Montalcino
- 알콜농도 14%
- Teste 체리, 말린 크랜베리, 야생 딸기, 감초 등 과일과 꽃 향이 가득한 이 와인을 맛볼 때 Brunello di Montalcino는 입에 착 감기는 탄닌과 함께 에스프레소와 경작된 흙의 흙냄새를 풍긴다. 대담한 와인이지만 높은 산도 때문에 입 안을 핥게 만드는 신맛과 떫은 맛으로 끝난다. 시간이 지남에 따라 와인은 숙성되고 부드러워져 그 어느 때보다 매력적인 와인이 된다.

◆WINE TESTING NOTE (LE CHIUSE 5.)
- Brunello Di Montalcino Riserva
- Red Wine 대담하고 구조적인
- 와이너리 탈렌(Le Chiuse브루넬로 디 몬탈치노 리세르바)
- 생산자 레 키우제
- 생산지역 이탈리아/투스카니 / 브루넬로 디 몬탈치노
- 포도품종 100% 산지오베제
- 포도수확 2012년
- 알코올 농도 14.4%
- 나이를 먹을 수있는 강력한 레드와인, 잘 익은 과일, 단단한 탄닌, 엄청난 인기를 특징으로 하는 전형적인 신세계 스타일의 와인이다.
- 브루넬로 디 몬탈치노 와인 중 가장 비싼 와인이다. 지난 1년 동안 가격은 상승 추세를 보였다.

이렇게 오늘은 와이너리 Fanti 와 Le Chiuse 두곳의 와이너리에서 바쁘게 와인 테스팅을 하는 시간을 갖으며 와인의 고장 이탈리아 와인에 대한 진면목을 보았으며 아울러 와인에 대한 좋은 체험과 상식을 쌓게된 즐거운 시간들이었다.

· 레 키우제(Le Chiuse) 와이너리 제배한 산지오 베제 포도 (따서 맛 보았더니 당도가 굉장히 높았다)

· 레 키우제(Le Chiuse)와이너리 포도밭

·동산위에 몬탈치노 마을

• 동산위에 몬탈치노 마을

• 몬탈치노 마을

이제 호텔로 돌아가는 길에 보이는
몬탈치노 마을의 풍광들은
너무나도 황홀하고 아름답다.

오늘 두곳의 와이너리에서
와인 테스팅을 끝내고
호텔로 돌아오는길에 호텔 부근에 있는
와인 샵 에노테카 브루노 달마지오
(Enoteca Bruno Diamazio Wine shop)에
잠간 들려 와인 구경을하고 호텔에
돌아와 저녁 식사전까지
휴식하는 시간을 가졌다.

• 멀리 발도르차 평원을 뒤로하고

• 멀리 발도르차 평원을 뒤로하고

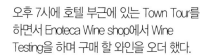

오후 7시에 호텔 부근에 있는 Town Tour를 하면서 Enoteca Wine shop에서 Wine Testing을 하며 구매 할 와인을 오더 했다.

다운 타운 중심에 있는 Enoteca/Wine Shop은 이지역 토스카나 와인을 전문으로 와인 테스팅도하고 와인 판매를 하는 Wine Shop이다. 정말 다양한 이지방 와인이 준비되어 있었다.

• Wine Shop 뒷문에서 보는 노을 진 마을 전경

이 Wine Shop건물은 몬탈치노성 자체 아래에 있으며, 한때 중세 시대에 일종의 와인 저장고로 사용되던 곳이라 그런지 이곳 뒷문으로 내려다 보는 오늘의 몬탈치노마을의 전망이 지금 묵고 있는 호텔 창문으로보는 뷰 못지않게 절경이었다.

저녁식사 시간전까지 Town Tour를 마저하고 오후8시에 저녁식사가 예약된 'Re di Macchia' 식당으로 플로렌스식 스테이크 (Florentine Steak)를 먹으로 갔다.

• Wine Shop 뒷문에서 보는 노을 진 마을 전경

eca Bruno Diamazio Wine shop

• Enoteca Wine shop

• Enoteca Wine shop 뒷문으로 보이는 전경이 좋다

• 몬탈치노 마을 중심가

• 알몬탈치노 마을 중심가 시계탑

• Re di Macchia 식당

와인은 낮에 두곳 와이너리에서
Testing 기회가 있었던
이곳 몬탈치노 와인으로 이탈리아
최고의 와인인 Brunello Di Montalcino
2016를 주문했다.

브루넬로 디 몬탈치노 16
(Brunello Di Montalcino 2016)은
이고장 브루넬로 디 몬탈치노에 있는
와이너리 아지엔다 아그리콜라
버베나에서 생산된 래드와인으로

2016년에 수확한
산지오베제 포도품종으로 생산되었고
알콜농도 14.5%이다.
이 명품 래드와인은 대담하고
탄닌이 산도와 균형을 잘 잡고있다.
소고기에 잘 어울리고 특히 구운
토스카나 갈비 포함 소고기 갈비에
잘 어울린다.

에피타이저로는 양젖치즈 페코리노

• Re di Macchia 식당

• Brunello Di Montalcino 2016 래드와인

222

• 야채 사라다

• 브래드

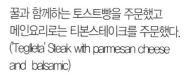

꿀과 함께하는 토스트빵을 주문했고
메인요리로는 티본스테이크를 주문했다.
('Teglleta' Steak with parmesan cheese
and balsamic)

에피타이저로나온 양젖치즈 페코리노
꿀과 함께하는 토스트빵은 평범한
발상의 식전 빵이지만 특별했다.
발상이 좋았다.

• 구운 감자 곁드린 메인요리

• 양젖치즈 페코리노 꿀과 함께하는 토스트빵

메인요리 티본스테이크는
Parmesan Cheese and Balsamic
으로 밑간을 해 구운 감자와 익힌 채소와
함께 먹는 그맛 또한 특별했다.
'브루넬로 디 몬탈치노16'
명품와인과 함께 먹는
이 집 티본스테이크 맛은 최상이 였다.

평범한 발상의 요리로
특별한 맛을 창조하는 기억에 남는
와인의 고장 몬탈치노 최상의 맛집이다.

• 맛살 조개

플로렌스식 스테이크 (Florentine Steak)
전문인 'Re di Macchia' 식당은 맛집으로
손색이 없는 기억에 남는 식당이다.

디져트로는
빈산토 칸투치 티라미슈를 주문했다.

• 메인요리 티본스테이크

• 디저트

• 디저트 커피

• 온천 수영장 옆에 아직 오픈하지 않은 식당들

• 온천 수영장에서

몬탈치노 ➡ 로마

• 호텔객실 창문에서 보는 아침 해돋이 전경

오늘은 아름다운 중세 마을 몬탈치노에서
3일을 보내고 다시 로마로 가는 일정이다.
우리 여행 일정도 이제 막바지에 들어 섰다.
오전 8시30분 호텔 '베키아 올비에라'를
체크아웃 했다.

그동안 객실 창문으로 보는
마을 경관이 너무 좋아 매일 수시로 보며
시시 각각으로 변화되는 풍광들을 즐겼다.
오늘 아침 마을넘어 솟아오르는 해돋이
전경도 너무 아름다웠다.

• 호텔객실 창문에서 보는 아침 해돋이 전경

• 중세 마을 몬탈치노의 아름다운 전경(Google인용)

226

• 노천으로 흐르는 온천수

• 바뇨 비뇨니(Vagno Vignoni) 마을 입구

• 바뇨 비뇨니(Vagno Vignoni) 마을 입구 사이프러스 나무가 반긴다.

'브루넬로 디 몬탈치노' 같은
이탈리아 대표 와인이 익어가고 있는
작은 마을. 토스카나 언덕 꼭대기마다
중세 마을들이 자리하고 있다.

몬탈치노도 발도르차 평원 한가운데
우뚝 솟은 동산위에 중세시대 성벽으로
쌓인 중세 모습을 그대로 간직한
고고한 중세 마을이다.
머물수록 정감이 가는 작은 중세마을
몬탈치노(Montalcino)를 아쉽게 뒤로하고
막바지 일정을 위하여 로마로 향한다.

로마 가는 중간에 온천마을
바뇨 비뇨니(Vagno Vignoni)를
주마간산으로 잠간 둘러본다.

그동안 바뇨 비뇨니(Vagno Vignoni)는
많은 예술가와 성직자의 휴양지로
사랑받았다.
지금은 인구 30명 안팎으로 옛 명성은
사라졌지만, 조용히 쉬고 싶은
이탈리아인들이 찾는다.

• 노천으로 흐르는 온천수

• 소박하고 한적한 마을 입구

끊임없이 솟아오르는
52℃의 온천수를 체험하려면
온천장을 갖춘 숙소에 머물러도 좋지만, 온천수
가 흐르는 마을 개천에서 하는
족욕은 누구나 무료다.

주요 광장은 온천수가 모이는 거대한
수영장으로 완전히 채워져 있다.
수영장 주변에는 수세기 동안 이어온
중세건물이 들이 들어서 있고
많은 식당과 상점들이
이른 아침이라 그런지 열려있는
집이 아직은 별로없다.

관광객도 우리 이외엔 별로 없는 항상 북적이는
유명 관광지와 달리 조용하고 한적한 마을이다.

• 마을 중앙에 있는 온천수가 솟아올라 형성된. ..대형 온천수영장

• 마을 중앙에 있는 온천수가 솟아올라 형성된. 대형 온천수영장

• 온천 수영장에서

• 온천 수영장에서

228

조용히 휴양하고 싶은 관광객이
찾을만한 좋은 휴양지다.

이제 다시 로마를 향해 가는 길은
아름다운 토스카나 발도르차
(Val d'Orcia)평원을 가로질러 간다.
보기만해도 멋진 풍광.

놓치기엔 아쉬운 그림 같은 풍경의
토스카나(Toscana),
발도르차(Val d'Orcia) 평원,
마음의 평안을 그대로 느낄 수 있는
평화로운 발도르차(Val d'Orcia)평원은
수 많은 예술가들의 영감의 근원지로
알려져 있다.

• 온천 수영장 옆에 아직 오픈하지 않은 식당과 상점들

• 온천 수영장 전경

• 아직 오픈하지 않은 식당 식탁에 앉은 앙증맞은 고양이

• 발도르차(Val d'Orcia) 평원의 멋진 전경. (Google인용)

• 발도르차(Val d'Orcia) 평원의 멋진 전경

• 발도르차(Val d'Orcia) 평원의 멋진 전경

• 발도르차 언덕위에 그림같은 농가 주택들

이탈리아 중부지방 여행의 시작은
토스카나의 발도르차
(Val d'Orcia) 평원이다.
대지는 부드러운 능선을 이룬 채
파도처럼 넘실대고,
언덕 꼭대기마다 그림 같은 농가주택이
자리하고 있다.

능선에 비탈진 사면은
초록으로 물결치는 목초지고
포도가 알알이 익어가는 포도밭이며,
밀을 수확한 황금빛 밀밭이고,
올리브나무밭이다.

사이프러스 나무가 인상적인 토스카나의
발도르차 평원, 지중해의 따사로운 햇살,
드넓게 펼쳐진 고산 평원,
상큼한 레몬부터 깊은 와인 향까지…
이런 목가적인 풍경들이
여행자의 눈과 마음을 한없이
행복하게 만든다.

길가의 키큰 병정같은
사이프러스 나무가 하늘을 찌를 듯
솟아 있는 길을 차를 타고 아무리 달려도
지루하기보다 힐링이 되며
여행하는 즐거움이 더욱 넘쳐난다.

• Cyprus길(Google인용)

• 발도르차 언덕위에 그림같은 농가 주택들

• 목가적인 풍경의 토스카나의 발도르차 평원. (Google인용)

• 초록의 목초지로 물결치는 능선에 비탈진 사면 (Google인용)

• 사이프러스 나무가 하늘을 찌를 듯 솟아 있는 길 (Google인용)

• 능선의 비탈진 사면이 황금색 밀밭으로 아름답다 (Google인용)

• 발도르차 언덕위에 농가 주택들 (Google인용)

• 키큰 병정같은 사이프러스 나무가 질서 정연하게 S자 시골길을 안내한다.(Google인용)

하얀 뭉게구름이 곱게 피어 오르고
하늘은 한없이 높고 푸르르고 녹색의 평원은
가을 햇볕에 저멀리 아득한 계절,

정녕 가을은 발도르차를 여행하기
가장 좋은 계절같다.

한낮의 차창으로 비추는 가을 햇살은 따사롭지만,
지중해에서 불어오는 바람은 한층 선선하다.

발도르차(Val d'Orcia)평원은
유네스코가 선정한 문화유산이다.
평원이 왜 '자연유산'이 아니라 문화유산일까?

14~15세기 이곳에 정착하기 시작한
시에나 상인들은 농경지로서 효율성은
기본이고, 미적으로 아름다운 경관을 개발했다.

자연 그대로가 아니라 땅을 캔버스 삼아
도시와 마을, 농가와 수도원까지
설계했으니 '당연히' 문화유산인 셈이다.

• 유네스코 선정 문화유산 발도르차(Val d'Orcia)평원(Google인용)

• 한없이 높고 푸르른 발도르차 하늘에 곱게 피어 오르는 뭉게구름

• 유네스코 선정 문화유산 발도르차(Val d'Orcia)평원(Google인용)

• 로마의 한식당 이조식당

이제 가을 햇살이 따스한
토스카나 발도르차 평원을 달려
드디어 로마에 입성 했다.

그동안 20여일이나
이탈리아 와인이 좋아 와인과
너무나도 잘 어울리는
이탈리아 음식들을 먹는 미식여행으로
그동안 멀어졌던 한식이
무척 그리워 오늘 중식은 로마에 있는
한식당으로 가기로 했다.

우리가 도착한
로마의 이조 한식당은
깨끗하고 시설도 잘 되어 있었다.

우선 와인대신
한식에 잘 어울리는
참이슬 소주와 테라 맥주를 시키고
음식은 돼지고기 보쌈, 삼겹살 구이,
김치찌개, 잡채, 녹두빈대떡 등을 시켜
오랫만에 한식으로 저녁식사를 잘했다.

• 로마의 한식당 이조식당에서 한식 저녁식사

• 로마의 한식당 이조식당에서 삼겹살 구이와 김치찌개

• 로마의 한식당 이조식당

• Hotel Smeraldo

• Hotel Smeraldo 객실

• Hotel Smeraldo 객실

• Hotel Smeraldo 객실

1시 30분에 호텔 스메랄도
(Hotel Smeraldo)에 체크인하고
호텔에서 휴식 시간을 가졌다.

이 호텔은
로마 구시가지 최 중앙에 있으므로
이 부근에 대부분의 명승 고적지가
다 몰려있어 고적지 투어하기에
아주 좋은 위치다.
청결도 점수가 높은 호텔이라 한다.

호텔앞 골목길은
관광상품 판매하는 작은 상점들로
꽉 들어 차있고
관광객들로 항상 붐빈다.

특히 호텔 바로 앞에는
유명 피자집
'Roscioli Caffe Pasticceria'이 있어
항상 관광객들로
성시를 이루고 있다.

• 호텔앞 골목길에 있는 유명 피자집

• 저녁 늦게되야 손님들로 찬다.

• 서양송로버섯 트러플(truffle)

• 서양송로버섯 트러플(truffle)

이곳 이탈리아 사람들은
대부분 저녁식사를 8시 이후에 하며
식당엔 보통 9시가 되야
손님들로 붐빈다. 그래서 그동안
우리도 석식은 오후 8시에 해왔다.

특히 오늘 석식은
로마에서 송로버섯 요리로
아주 유명 맛집인 Taverna Lucifero
식당으로 예약이 되었다.

서양송로, 트뤼프 또는 트러플은
식용 버섯의 하나로,
고급 식재료로 꼽힌다.
푸아그라, 캐비어와 함께 세계
3대 진미로 손꼽힌다.

• 호텔앞 골목길

• 이탈리아 와인으로 가득 준비되어 있다

식전 와인으로 래드와인
'라 카라이아 송지오베제'
(La carraia Sangio vese)를 주문했고
이 와인은 '라 카라이아 와이너리'
제품으로 이탈리아
움브리아 지역 생산품이다.
알콜도수는 13.5%이다.

움브리아(Umbria)는
이탈리아 중부지방의 중세 도시로
이탈리아 3대 명품 화이트 와인의
고향이다.

에피타이저로
truffle 치즈입힌 감자,
truffle 에그후라이,
truffle 소고기 육회와
Mix Salad를 주문했다.

메인요리로는
truffle Beef 휠레미뇽과
truffle 파스타를 주문했다.

• 래드와인 La carraia Sangio vese

• truffle 에그후라이와 Mix Salad

서양송로(西洋松露) 또는
트러플(truffle)은
진귀한 버섯의 한 품종으로,
에피타이저와 메인요리 모두 트러플
요리로 주문했다.

통트러플을
손님앞에서 아낌없이 넉넉하게
썰어주니 맛이 더 있는듯하다.

트러플 육회는 싱싱했고
트러플 휠레미뇽과
파스타도 여태까지
식당에서의 맛을 능가하는
고급스러운 맛으로 만족스러운
저녁식사였다.

• 소고기 육회에 트러플를 갈아 얹고 있다.

• 트러플이 얹처저 있는 소고기 육회

• truffle 치즈입힌 감자

그런데 한가지흠이
음식이 맛있다 보니 많은 손님들이
몰려 실내가 좁아 복잡한데 환기도 잘
않돼는것 같고 덥기는
어찌나 더웠던지
맛은 있었는데
아쉽지만 디저트는
생략하고 밖으로 나왔다.

그러나 언제고 로마에 오면 다시와서
꼭 먹어 보고 싶은 식당이다.

• truffle Beef 휠레미뇽과 truffle 파스타다.

• 저녁 식사 식탁

• 트레비 분수(Fontana di Trevi)

이탈리아 남부 와인과 함께하는 미식여행 18

• 고대 로마시대의 유적지 포룸 로마눔을 뒤로하고

로 마

• 바티칸 가는 길에 로마 시가지 전경

• 바티칸 성 베드로 대성당 입구

• 성 베드로 광장에 운집 해있는 많은 관광객들

우리여행은 이제 마지막 남은
이틀간의 로마 일정만 남겨두고 있다.
이번 이탈리아 여행은
유명 유적지를 찾아다니는
관광이 목적이아니라 와인의 고장
이탈리아 와인과 함께하는
남부 이탈리아의 요리 맛집을 찾아
다니는 미식여행으로
힐링이 목적인 풀리아 해변마을과
토스카니아 와인 마을에서의 휴식여행이다.

그래서 오늘 로마의 여러 유적지들은
주마간산으로 아웃트 라인만 보는
수준으로 둘러 볼 예정이다

오늘 로마관광은 Guide Car로
한국인 가이드의 안내를 받으며 오늘
하루 동안에 시행 할 예정이다.

• 바티칸 입국을위해 줄서고 있는 관광객들

• 성 베드로대성당에 모여있는 많은 관광객들

• 성 배드로 대성당 앞 베드로 광장

아침 8시에 가이드 자동차로 로마관광을
시작하였다. 첫번째로 바티칸 시국
성 베드로 대성당부터 방문 했다.

이른 아침인데도 바티칸시국에 들어가려고
 많은 사람들이 긴줄을 서서 입장하고 있었다.
우리도 긴줄 뒤에 서서 베드로
광장으로 들어갔다. 벌써 많은 관광객들로
베드로성당앞 성 베드로 광장이 인파로 차 있었다.

바티칸 시국은 세계에서
가장 작은 나라(인구 842명)이면서
세계 문화유산의 보고이기도 하다.
방문해야 할 곳은 바티칸 광장,
성 베드로 대성당 그리고 바티칸 미술관이다

로마는 하나님을 경외하는 사람들의 성지다.
전세계 카톨릭의 본산인 성 베드로 성당이 있고
수많은 순교자들을 배출했기 때문이다.

순교자 중에는 참수당한 사도 바울과
십자가에 거꾸로 죽기를 자청한
사도 베드로도 포함돼 있다.
로마의 성 베드로 성당은
사도 베드로가 묻혀 있다고 믿어지는
곳에 세운 것이다.

• 성 배드로 대성당 앞 베드로 광장

• 성 베드로 대성당앞에 모여있는 관광객들

로마 중심부에 위치한
바티칸은 가톨릭 교회의 중심이다.
면적은 0.44 평방 킬로미터에 불과하며
성벽 안에는 사전 예약을 통해
방문 할 수있는 정원으로 둘러싸인
궁전에 거주하는 교황을 포함하여
1,000 명 미만이 살고 있다.

성 베드로 대성전은 바티칸 시티에서
가장 눈에 띄는 건축물로
전 세계 기독교인들 사이에서
가장 성스러운 곳으로 여겨지는 곳이다.

인상적인 돔, 로마의 도시 경관,
화려한 인테리어, Saint Peter's는
의심의 여지없이 눈을 즐겁게한다.
많은 사람들에게 로마를 방문한
이유 중 가장 좋은 이유가 될것으로 생각된다.

거대한 타원형의 성 베드로광장
(Piazza San Pietro)은
거대한 대성당 의 기념비적인 입구이다.
성 베드로 광장은 바티칸
시국에 있는 성 베드로
대성전의 바로 앞에 조성된 광장이다.
광장은 최대 30만 명까지
수용할 수 있다.

• 성 베드로 대성당앞에 모여있는 관광객들

• 성 베드로 대성당 광장앞에서 프란치스코 교황을 보기위해 몰려있는 관광객들

• 바티칸 시국 경비병

• 프란치스코 교황을 보기위해 몰려있는 관광객들

종교적 이유를 가진 사람들뿐만 아니라
역사적, 예술적, 건축학적 중요성에
관심이있는 사람들을 포함하여
매년 수백만 명의 방문객이 찾아온다.

그런데 우리가 광장에 들어간 직후에
사람들이 갑자기 성당쪽으로
몰려들며 요란 해진다.

알고보니 교황님이 성당을향해
오신다고 한다.

주일도 아닌데 교황님이
이시각에 나타 나신다니 정말
드문 행운의 기회이다.

우리도 성당쪽으로 몰려가
바로 눈앞에서 프란치스코 교황님의
모습을 동영상으로 담을 수가 있었다.

많은 인파로 대기줄이 너무 길어
바티칸 박물관은 스킵하고
베드로 광장과 베드로 대성당만
대충 보고 다음 관광지인
콜로세움 쪽으로 갔다.

• 콜로세움 거는길에 있는 베네치아 광장

• 콜로세움 가는 로마 거리 전경

• 콜로세움 가는 로마 시내 전경중 전차길에 전차가 지나가고 있다

우선 콜로세움 앞에 있는
콘스탄티누스 개선문을 보았다.

콘스탄티누스 개선문은
콘스탄티누스 1세의 즉위 10년을
기념하여 원로원이 세운 것이다.
개선문은 흰 대리석으로 되어 있고,
세개의 통로가 있으며,
일부는 다른 건축에서 옮긴 것이다.

서기 80년에 지어진 콜로세움은
로마 제국 최대 규모의 원형 극장으로
바티칸에서 동남쪽으로 20분 거리에 있는
이곳은 유명한 검투사의 전투,
야생 동물 사냥, 야수들의 싸움이
벌어졌던 장소이다.

• 코로세움의 웅장한 모습

넓은 경기장을 층마다 둘러보고
야생 동물을 운반하던 터널과 통로도
살펴보았고 검투사의 지하 방에 들어가
볼 수도 있었다.

• 콜로세움 앞에 있는 콘스탄티누스 개선문

• 콜로세움 앞에 있는 콘스탄티누스 개선문

• 콜로세움 전경

• 코로세움앞 수천년 동안 사용해 바닥이 반들 번들 한 돌바닥길

• 수천년을 지켜온 콜로세움의 위용

• 콜로세움 내부 모습

• 웅장한 콜로세움 내부

그러한 유적들을 보면서
지금까지도
그 시대의 장엄함과 잔혹함이
그대로 남아있음에 가슴이 섬뜩하지
않을 수 없다.

• D중간에 성 베드로 성당을 짓기위해 콜로세움
건축물에 있는 앵커 쇠봉들을 다 빼가고
뻥 뚫린 채 남은 자국들

• 많이 훼손된 콜로세움의 내부 전경

• 많이 훼손된 콜로세움의 내부 전경

• 많은 관광객들의 콜로세움 관광

• 웅장함 콜로세움의 내부 전경

콜로세움을 보고나서
가이드의 안내로
그곳에서 멀지 않은곳에 있는
특이한 곳으로 안내되었다.

세 나라를 동시에 볼 수 있다는 곳이다.
줄을 서서 차례를
기다렸다가 열쇠 구멍(부꼬)을 통해
안을 들여다 본다.

청동문의 열쇠구멍으로
보이는 곳이
총 인구 80명의 "몰타 기사국"으로
80명 전원이 수도사라고 한다.

독립된 화폐를 주조하고,
'그라노 와 타리'라는 우표도
발행하는 이 작은 나라는
아벤티노 언덕 건너 산 사비나 성당
옆에 자리잡고 있다.

청동문의 열쇠구멍(부꼬)을

통해 보면 몰타 기사국의 정원
(양 옆으로 보이는 나무가 모두 오렌지
나무여서 '오렌지 정원'이라고도 한다)
이 보이고, 그 너머로
바티칸 대성당의 돔이 보인다.

서 있는 곳이 이탈리아 영토이고,
가운데 정원이 몰타 기사국 영토이며,
마지막 보이는 곳이 바티칸 시국이어서
세나라를 볼 수 있는 곳이라 한다.

이렇게 열쇠구멍을 통해
어렵게 안을 다 드려보고 났더니
오늘 마침 무슨 중요한 행사가 있어
문이 활짝 열려 열쇠구멍으로만 보던
전경을 두눈으로 직접 볼수 있었다.
그런데 오히려 약간 황당하고 억울했다
이렇게 보이는 광경을
잘 보이지도 않는 열쇠구멍으로 삐집
어렵게 보았으니 말이다.
그런데 이런 경우는
좀처럼 없는 행운의 기회일것이다.

• 많은 관광객들의 콜로세움 관광

246

• 콜로세움에서 내려다 본 콘스탄티누스 개선문 전경

• 열쇠 구멍(부꼬)을 통해 안을 들여다보기위해 길게 줄을 서고있

• 청동문의 열쇠 구멍(부꼬)

• 열핸드폰 카메라의 한계로 바티칸 대성당 돔이 잘 보이지 않는다. 그러나 육안으로는 뚜렷이 보였다

• 열쇠 구멍(부꼬)으로 보고있다.

• 열쇠 구멍으로 보이는 세나라 전경

• 몰타국에서 바티칸과 행사가 있어서 입구 청문문을 열고 관계자들이 손님을 맞이하려고 기다리고 있다.

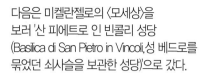

다음은 미켈란젤로의 〈모세상〉을
보러 '산 피에트로 인 빈콜리 성당
(Basilica di San Pietro in Vincoli, 성 베드로를
묶었던 쇠사슬을 보관한 성당)'으로 갔다.

한 대학의 부속 건물에 포함된
성당이라 그런지 매우 소박하다.
이 곳에서 미켈란젤로의 3대 조각상 중
하나인 '모세상'을 만날 수 있다.

미켈란젤로의 '모세'상은
(1513~1516년경, 대리석, 높이 254cm)
교황 율리우스 2세 사망 후 그의
유언에 따라 만든 묘당에 안치될
조각상 중 하나였다.
이 조각은 하느님으로부터
십계명이 새겨진 석판을 받고 내려온
모세가 황금송아지를 숭배하는 유대인에
분노하는 모습이라고 알려져 있다.

• 산 피에트로 인 빈콜리 성당 내부 전경

• 산 피에트로 인 빈콜리 성당

• 미켈란젤로의 '모세'상

• 미켈란젤로의 모세상과 여러가지 조각상 모세

• 모세가 묶였던 쇠사슬 보관실

· 아름다운 천정화

· 뿔 달린 모세상

· 모세가 묶였던 쇠사슬

신으로부터 받은 십계명을 들고 막 일어서는
순간의 모세상은 특이하게도
그의 머리에는 뿔이 달려 있어서
'뿔 달린 모세상'이라고도 불린다.

이는 당시 "모세 얼굴에서 빛이 났다"는
구약성서의 구절 중 빛을 뜻하는
그리이스어'cornatum'이란 단어를
라틴어, '뿔(cornatus)'로 잘못
번역했기 때문이라고 한다.

그래서 미켈란젤로의 모세상을
비롯하여 12세기 모세상에는 뿔이
많이 달려 있다고 하니 참으로 특이한
일이 아닐 수없다.

하지만 그 뿔 때문에
미켈란젤로의 이 '모세상'에서는
사실적인 모습에다가 신비로움까지
느낄 수 있다.

다음으로 둘러보는 베네치아 광장(Piazza Venezia)은
1871년 이탈리아 통일을 기념하기 위해 조성되었으며,
현재는 테르미니 역과 함께 교통의 중심지
역할을 하며 광장안에는 이탈리아를
통일한 비토리오 에마누엘레 2세를
기리기 위한 기념관이 있다.

· 가이드 카가 대기하고 있다.

• 베네치아 광장

비토리오 에마누엘레 2세 기념 통일관은 이탈리아 로마에 위치한 랜드마크이자 기념관으로 근대 이탈리아를 통일한 사르데냐 왕국의 마지막 국왕이자 이탈리아 왕국의 초대 국왕인 비토리오 에마누엘레 2세를 기념하기 위해 지어졌다. 조국의 제단(Altare della Patria)이라는 이름으로 불리기도 한다.

이탈리아의 로마는 수많은 유적들로 가득한 도시인데 고대에 지어진 유적들과 달리 최근에 오늘 지어져 보존상태가 좋고, 웅장한 곳이 바로 비토리오에마누엘레2세 통일기념관 (Monumento Nazionale a Vittorio Emanuele II)이다.

• 비토리오 에마누엘레 2세 기념 통일관

로마 시내의 한복판에 있어 낮동안 엄청나게 많은 관광객들로 붐비는 베네치아 광장에서 이 통일기념관의 모습을 한눈에 볼 수 있다. 비토리오 에마누엘레 2세 기념관은 로마의 가장 중심부에 위치해 있다.

• 비토리오 에마누엘레 2세 기념 통일관의 정면 앞부분의 아름다운 조각들

• 베네치아 광장

• 비토리오에마누엘레 2세의 청동기마상

• 비토리오에마누엘레 2세의 청동기마상

• 진실의 입(Bocca del Verit)

• 진실의 입(Bocca del Verit)

통일기념관은 1911년에 완공되었으니
이제 100년이 훌쩍 넘은 건물인데
흰 대리석으로 지어져서
아주 웅장하고도 깨끗한 보존상태를
유지하고 있다.

비토리오에마누엘레 2세
(Vittorio Emanuele II,1820~1878)는
로마 제국 이후 분열된
이탈리아의 통일을 이끈
이탈리아 왕국의 초대 국왕이다.

이 사람의 기념관인 만큼
건물의 정중앙에는 비토리오
에마누엘레 2세의 청동기마상이
자리하고 있다. 역사는 승리한 자에 의해
미화된다고는 하지만 아무튼 늠름한
장군의 모습이 아닐 수 없다.

다음은 '진실의 입(Bocca del Verit)'이 있는
'산타 마리아 꼬스메딘' 성당 입구로 갔다.

대기 줄이 좀 길게 늘어 섰지만
대기줄에 섰다가 차례가되어 재미삼아
진실에 입속에 손들을 넣어 보았다.

이 진실의 입은 2,400년 전에 만들어진
하수구 뚜껑으로,
해신 트리톤의 얼굴이 새겨져 있는데,
윌리엄 와일러 감독,
그레고리 펙과 오드리 헵번 주연의 명화
'로마의 휴일' 로 인해 유명하게 되었다.

입에 손을 넣고 거짓말을
하면 입을 다물어 손을 잘라버린다는
전설이 전해지고 있지만
그냥 재미로 다들
한번씩 입에 손을 넣어
영화의 주인공이 되어 보기도 한다.

• '산타 마리아 꼬스메딘' 성당

포룸 로마눔은
고대 로마 시대의 유적지이며,
이탈리아어로는 포로 로마노라고 부른다.
이탈리아 로마 구도심 한가운데 있다.

주요 정부 기관 건물들이
직사각형 모양의 광장을 감싼 형태다.
로마를 비롯한 이탈리아의 옛역사는
유럽뿐아니라 전세계에 많은 영향을 끼쳐 왔다.

정치 사회 문화 예술 등
다양한 분야에서 지금도 느낄 수 있다.
포로 로마노(Foro romano)는
1000년동안의 찬란했던 로마와

• 고대로마시대의 유적지 포룸 로마눔을 뒤로하고

• 고대 로마 시대의 유적지 포룸 로마눔을 뒤로하고

• 이탈리아 로마의 로마 역사지구 중심부인 포로 로마노 전경. 거대한 원주 8
개가 높이 솟아 있는 건물이 기원전 497년에 세운 것으로 알려진 사투르누스
신전이다. 중앙에는 셉티미우스 세베루스의 개선문이 보인다.

• 이탈리아의 로마 역사지구 중심부인 고대 로마 시대의 유적지 포룸 로마눔

• Pesceri Barberinia 식당

그 역사적인 중심에 있었던
바로 그곳이다.

각종 공공기관과 시장 등이 있었고 로마시민들이
살았던 로마의 정치 경제 문화 사회 종교의
중심지였던 곳이다. 각종 화재로 파괴되고
로마제국이 몰락하고서 테베레강이

• 고대 로마 시대의 유적지 포룸 로마눔

• 이탈리아식 생선회

• 우화이트 와인 알투리스 샤르도네이
베네치아 줄리아 IGT 2021

• 오징어 새우 멸치 튀김

범람하면서 흙속에 묻혔고 중세이후로는
건물들이 헐어지고 건축자재로 사용되면서
 폐허가 되다시피 하던 곳이다.
현재 지금까지도 발굴작업이 진행중이다.

점심은 식당 Pesceri Barberinia 라는
해산물 요리 전문식당으로 갔다.
와인은, Alturis Chardonnay venez –Giulia IGT 2021
(알투리스 샤르도네이 베네치아
줄리아 IGT 2021)를 주문했다.

- 화이트와인 그린 앤 프린티
- 명칭 베네치아 줄리아 IGP
- 포도품종 사도네이
- 지역 이탈리아 베네치아 줄리아(Friuli Venezia
  Giulia) IGT
- 흰살 생선과 잘 어울린다.

점심식사로 에피타이저는 싱싱한
이탈리아식 생선회와
오징어 새우 멸치 튀김을 시키고
메인요리로는
봉골래 파스타와 해산물 파스타를
주문해 먹었는데 음식맛은 그저 평범했고
그리고 식당안 실내가 덥고 사람많아
디저트 생략하고 점심을 끝냈다.

• 봉골래 파스타

• 해산물 파스타

• 전형적인 이탈리아 도심 골목길

• 관광객들로 붐비는 스페인 계단

• 관광객들로 붐비는 스페인계단 앞 스페인광장

다음 행선지는 스페인 계단이다.
이탈리아 로마를 방문하는
전 세계 관광객들이 콜로세움, 트레비
분수 등과 더불어 반드시 찾는 명소가 있다.
바로 스페인광장에 스페인계단이다.

스페인 광장이라는 이름은
이 광장옆에 스페인 대사관이 있었기
때문에 붙인 이름인데 아직도
스페인 대사관이 있다.
각종 명품 샵들이 몰려있어 늘 붐비는
쇼핑 공간이기도 하다.

스페인 광장에서 삼위일체 성당
(Trinita dei Monti)까지 135개로 이뤄진

• 스페인 광장에 있는 폰타나 델라 바르카차 분수(Fontana della Barcaccia , 낡은 배의 분수)

• 스페인광장

• 스페인 광장

• 스페인 광장앞에 명품거리

스페인 계단은 관광객들이 시내 투어를
하다 앉아 잠시 쉬어가는 곳이자
현지인들의 만남의 장소로도 유명하다.

하지만 앞으로는 스페인 계단에 앉기만
해도 벌금을 맞을 위험이 있다.

이탈리아 경찰은 2019년부터
세계문화유산으로 등재된
스페인 계단과 주변 문화재를
보호하고자 관광객을 엄격하게
통제하는 새 규칙을 시행하기로 했다.

• 관광객들로 붐비는 스페인 광장

이에 따라 계단에 앉거나 눕는
행위가 금지된다.
계단에서 아이스크림 등 음식을 먹는
행위, 계단 아래 배 모양의 바르카치아

분수에서 물을 마시는 행위 등도 제한된다.
이를 어기면 정도에 따라 160~400유로
(약 2만~54만원) 사이의 벌금이 부과된다.

• 트레비 분수(Fontana di Trevi)

• 트레비 분수(Fontana di Trevi)

• 트레비 분수(Fontana di Trevi)

스페인 광장과 계단에는
많은 관광객들로 붐비고 있었다.
그리고 명품샵 앞에는 명품을
구입하려는 관광객들로 긴줄이
세워저 있었다.

우리는 스페인 계단에서
사진 몇커트를 찍고
다음 마지막 행선지인

트레비 분수(Fontana di Trevi)로 갔다.

트레비 분수(Fontana di Trevi)는
이탈리아의 건축가
니콜라 살비에 의해 지어졌고,
높이는 26.3m, 너비는 49.15m이다.
로마에 있는 바로크 양식의 분수 중
가장 큰 규모를 자랑하며,
세계적으로도 매우 유명한 분수이다.

'로마의 휴일'과 같은 영화에도 다수
출연하며 로마의 랜드마크 중 하나가 되었다.
분수는 반인반수(半人半獸)의
해신(海神) 트리톤 두 명이 이끄는
채리엇 위에 대양의 신 오케아노스가
서 있는 모습이다.

이곳도 예외가 아니다.
로마의 오후 시간을 만끽하려는
수많은 관광객들로

• 샤넬 명품 Shop앞에 줄서고 있는 관광객들

• 피자집 Pizza Spaghetteria

말그대로 꽉 차있어 분수 옆으로 접근하기도 어려웠다. 이렇게 트레비분수를 끝으로 호텔로 돌아갔다.

저녁식사는 호텔 부근에 있는 유명 피자집 Pizza Spaghetteria로 가서 피자로 저녁식사를 대신했다.

저녁식사후에는 호텔에서도 그리 멀지 않은 곳에 있는 판테온을 낮에 관광객들로 붐벼 저녁에 가기로 해서 산책 삼아 걸어갔다. 저녁인데도 관광객들이 많이 모여 있었다.

판테온은 로마에서 가장 아름다운 랜드마크 중 하나로 거의 2,000년이 지난 지금까지도 로톤다 광장에 자리 잡고 있다.

이 고대 로마 사원에는 아름다운 예배당과 라파엘로, 비토리오 에마누엘레 왕 등 이탈리아에서 가장 중요한 인물의 역사적인 무덤이 안치되어 있다.

판테온 내부에는 거대한 대리석 기둥 우뚝 서 있으며 르네상스 양식의 조각이 제단을 장식하고 있다. 다양한 색상의 대리석이 깔린 바닥에 서서 위를 올려다 보면 돔 천장에 금색과 푸른색이 어우러지는 모자이크를 감상할 수 있다.

높이 솟은 오벨리스크가 있는 폰타나 델 판테온 분수는 판테온 바로 앞에 자리하고 있다.

이렇게 오늘 하루종일 밤 늦게까지 주마간산식으로 나마 로마Tour를 마치며 엄청난 무게로 닥아오는 고대 로마인들의 역사적인 삶의 궤적을 보며 그들에게 경외의 념을 보내지 않을 수 없다.

지금 이곳에서 마주치고 있는 이탈리아 사람들이 바로 그들의 디엔에이를 이어받은 로마인의 후손들이 아닌가하는 생각에 다시한번 이탈리아인들을 특별한 눈으로 보게된다.

• 저녁 사간에 판테온 앞에서

• 로마건축의 상징인 판테온)

• 폰타나 델 판테온 분수

이탈리아 남부 와인과 함께하는 미식여행

• Rinascente 백화점

로 마

• 장마당이 서는 동네 광장

오늘은 우리여행의 마지막 날이다.
오늘로서 그동안
모든 여행 일정은 다 마치게 되고
내일 다시 미국 산타모니카로 돌아간다.

그래서 오늘은 로마에서
쇼핑하는 시간을 잠깐 갖고
마지막날 중식과 석식의 미식시간을
끝으로 이 여행의 대미를 장식한다.
중간에 나머지 시간은 휴식하며
짐싸는 시간이 된다.

8시30분에 호텔에서
아침식사를 하고
호텔 주위에 광장에서 열리고 있는
장마당에 갔다.
장마당은 쇼핑 목적보다
이탈리아에서의 장마당이 어떤가하는
호기심에서 둘러 보았다.

어디서나 서민들 사는것은
비슷 비슷해서 인지
우리네 동네에서 열리는
장마당과 별 다른것이 없었다.

• 장마당 열렸다

• 장마당

• 장마당에 진열된 상품

• 장마당

• 장마당

그래도 두 여성들은 한참동안이나
열심히 둘러 보느라
오래동안이나 기다리게 하더니
결국 저렴하고 좋다며
집에서 편히 입을 수 있는 옷들을
몇점 사가지고 왔다.

다음은 로마 중심가에 있는
Rinascente 백화점으로 가서
루이비통 등 이탈리아 명품들을 구경했다.

백화점 지하층에
고대 로마시대의 배수로가 유물로
그대로 보존되어 전시되고 있었다.
백화점 건축을 하는데
지장이 되는 고대 배수로 시설을
제거하지 않고 그대로 살리며 보존하고
있었다.

그들의 선조들의 유적지를
소중하게 보존하려는
역사의식이 오늘날 이탈리아의 근간을
이룬다는 생각을 하게 된다.

• 고대 배수로 유적지

• Rinascente 백화점

• 고대 배수로 유적지

• 하마세이 가는 길

• 하마세이 정문

• 하마세이 실내

• 하마세이 실내

점심은 일본인이
경영하는 일식당 하마세이로 갔다.
하마세이는 미슐랭가이드 2017에
이름을 올린 집으로
로마시내 중심에 있는 트레비분수와
스페인광장 사이에 있었다.

Rinascente 백화점에서
그리멀지 않아
우리는 천천히 시가지를 구경하며
걸어서 갔다.

하마세이에 들어서자
일본식당 특유의 정돈되고
씸플하고 깔끔한 인테리어가 안정감과
편안한 기분을 들게 했다.

우선 시원한 삿보루 맥주
한잔씩을 시켰다.
그리고 별도로 연어 사시미를 주문했고

• 삿보로 생맥주

스시 런치 (Sushi Lunch)와
사시미 런치 (Sashimi Lunch)를
각 각 시켰다.

그동안 이탈리아 음식을 계속 먹느라
한식이 먹고싶어 어제 로마 와서
이조식당 한식을 먹었고
오늘 중식은 이탈리아 해산물 요리와는
전혀 다른 분위기와 맛의 일식을 하게되어
매우 만족 스러웠다.

이집 사시미와 스시맛은
대체적으로 만족스러웠으나 그동안
서울에서 또 일본 여행에서
그리고 산타모니카 일식당에서 먹던
맛보다는 많이 차이가 났다.

제일 맛있게 먹었던 스시는
딸이 안내했던 일본 료관여행때
일본 오마카세이식당에서 먹었던 스시와
그리고 역시 딸이 생일때 예약 해주어
가게되었던 청담동 오마카세이
'스시 선수' (善水)에서 먹었던 스시가
제일 맛있던 기억이 난다.

다음엔 산타모니카 딸집 부근에 있어
체류하는 동안 가끔 가는
일식당 '사꾸라'에서 먹는 스시가
맛있다고 생각된다.

어쨌거나 그동안 20여일 동안
꾸준하게 먹었던 이탈리아 음식으로
정체성을 잃었던 내 미각과 뱃속이
어제 한식과 오늘 일식으로 깨운하게
정돈 되는 것 같다.

그러나 아직 마지막으로
이탈리아 음식으로
마무리하는 저녁 석식이 남아 있다.
저녁식당은 송로버섯 요리로

이름난 식당이다.

중식후 호텔로 돌아와
오후 휴식을 하고 석식하러 가기전에
호텔주위에 있는 상점들을
구경하며 신발 등 일부 필요한 물건들을 쇼핑을 했다.

• 연어 사시미

• 스시 런치 (Sushi Lunch)

• 사시미 런치 (Sashimi Lunch)

• 호텔 주위 골목 상점들

• 저녁 식당 Ristorante Ad Hoc

• Ristorante Ad Hoc 실내

• 블랙트러플 버펄로안심육회

저녁 식당은
'Ristorante Ad Hoc' 였다.
고가의 송로버섯 요리 전문 식당답게
식당 인테리어며 시설이 고급스러웠다.
와인도 와인 Shop처럼 엄청나게
비치되어 있었다.

식욕촉진 에피타이저로
호박꽃튀김 트러플,
아스파라가스 소스에
블랙트러플 버펄로 안심육회,
블랙트러플 감자, 리코타치즈, 엔초비를
주문했다.

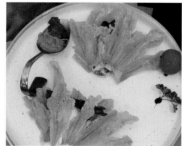

• 호박꽃튀김 트러플

• 각종 Bread

훠스트 요리로는 큐브파스타 3종으로
블랙 트러플 큐브파스타,
베이컨 브라타치즈 큐브파스타,
버섯 큐브파스타를 주문했다.

메인인 세컨요리로

• 블랙트러플(송로버섯)과 화이트 트러플(송로버섯)

• 큐브파스타 3종

· 래드와인

블랙 트러플 휠레미뇽 스테이크,
트러플 리조또,
화이트 트러플 휠레미뇽 스테이크,
화이트 트러플 돼지고기 스테이크를
각각 주문했다.

와인은 '라 비테 루센테 2019'를 주문했다.
테누타 루체(Tenuta Luce)의
'La Vite Lucente 2019'는
모카닐라 풍미가 실크처럼 부드럽고
활기찬 메를로, 산지오베제 및 카베르네
소비뇽 레드 와인 블렌드이다.
프렌치 오크 바리크에서 12개월
숙성한 와인이다.

음식페어링은 후추 스테이크, 로스트 비프,
소시지 캐술렛로에 적합하며
특히 오늘의 주 메뉴인 육류 스테이크에
아주 잘 어울리는 와인이다.

이번 미식여행의 라스트 디너로서
식당 분위기도 좋았고
품격과 음식질은 최고 수준이었고
또한 이에 상응하는 음식가격
또한 만만치 않았다.

그러나 살짝 아쉬운점은
엇그제 로마에 도착하는날 저녁에 갔던
또다른 송로버섯 요리로
아주 유명 맛집인 'Taverna Lucifero'
식당에서 먹었던 송로버섯 요리 맛에
좀 못미친다는 점이다.

아무튼 이걸로서
이탈리아 여행일정을 모두 마쳤고
정말 만족한 여행이었고 추억속에 영원히
간직하게 될 여행이었다.
처음부터 이 여행을 기획했고
수행했던 딸 내외가 정말 수고 많았고
그들에게 한없이 고마운 마음이다.

· 블랙 트러플휠레미뇽 스테이크

· 트러플 리조또

· 화이트 트러플 휠레미뇽 스테이크

· 화이트 트러플 돼지고기 스테이크

· 에프타이저

· 래드와인 라 비테 루센테 2019

· 래드와인 라 비테 루센테 2019

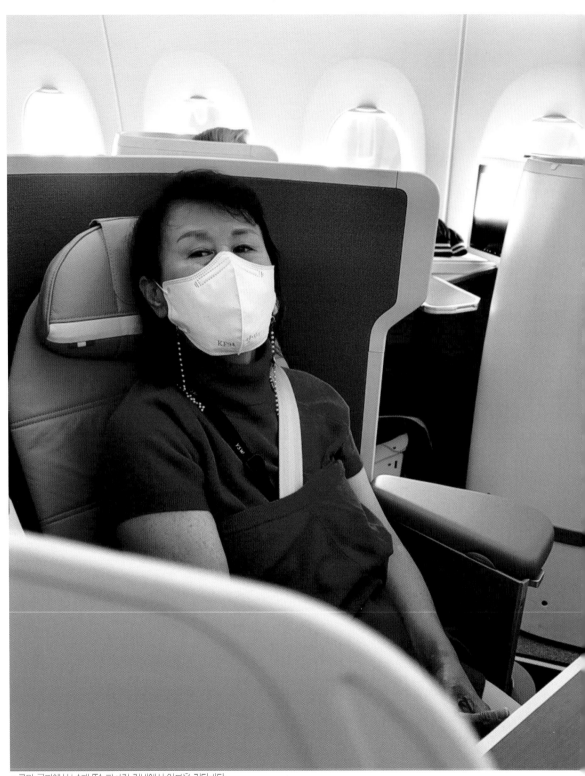

• 로마 공항에서 LA행 ITA 항공기 기내에서 이륙을 기다린다.

• 남부 이탈리아 여행 루트

로마 ➡ LA

• ITA 항공기 내부

오늘 ITA항공으로
오전 9시 30분 로마공항을 출발하여
12시간후인 다음날 오후 1시15분에
LA공항에 도착한다.
우리는 오전 6시에 로마에서
묵었던 호텔를 출발하여
공항으로 갔다.

공항에서 입국수속을 마치고
ITA에 탑승했다.

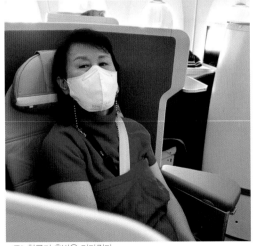

• ITA 항공기 출발을 기다린다.

• ITA 항공기 내부

이른 점심을 하면서
반주로 와인 한잔과 위스키 언더럭스
한잔을 하고서 영화 한편을
보다가 잠이들어
깨었더니 또 저녁 석식을 주고있었다.

저녁식사를 하고 나서
지난 여행일정을 되돌아 보며
이번 20일간의 이탈리아 남부 여행을
다시한번 정리 해 본다.

• 항공기가 괘도에 오르자 중식이 시작되었다. 첫번째로 에피타이저로 문어 새우 샐러드가 나왔다.

• 에피타이저 음식으로 나왔는데 기억이 나지 않는다.　• 첫번째코스로 파스타가 나왔다.　• 두번째 코스 인 메인으로 와인과 함께 하는 닭찜 요리가 나왔다.

• 세번째 코스인 디저트로 과일 접시가 나왔다.　• 저녁으로 나온 에피타이저로 치즈에 구운 토스트에 계란 후라이, 메인으로 빵과 야채 생선 그릴 그리고 디저트로 과일 접시가 나왔다.

• "FANTI BRUNELLO DI MONTALCINO RISERVA 2015"

• Le Chiuse Brunello Di Montalcino Riserva 2012"

풀리아(Puglia) 지방에서 만나는
아드리아(Adriatic Sea)해안 마을들의
풍광이 하나같이 그림처럼
모두 아름다웠고 그 고장에서 생산된 와인에
그 고장의 맛있는 음식,

이렇게 3박자가 잘 어우러진
미식여행과 함께 해변가 마을마다
한적하고 조용한 여행지로
휴양여행도 함께 하게 되어
행복하고 만족스러운 시간들이 었다.

풀리아(Puglia)에서 만나는
아름다운 바다 아드리아 해변 마을들은
하나같이 감동과 함께 안식 같은
기쁨을 주었다.
풀리아(Puglia)에서 만난
특히 강한 인상을 남겨 오래동안
기억될 여행지로
풀리아의 아드리아 해안에 있는
마을중 가장 깨끗하고
아름다운 해변을 갖고있는 "오트란토",

그리고 모노폴리의 아름다운 해변 빌라
("Villa Porto Marzano")와
앞에 있는 아름답고 아담한
작은 해변에서의 6일간도 오래 기억될
행복했던 추억이다.

3000년 전 로마 시대로
거슬러 올라가는 올리브 나무의
놀라운 역사, 오수투니에 있는 올리브농가
Masseria Brancati 농장의 투어는
나에게 새로운 감동의 시간이었고
흥미롭고 놀랍고 새로운 체험이 었다.

청록색의 맑은 아드리해의 해안에 펼쳐지는
오묘한 자연의 조형물로 이뤄진
신비스럽고 아름다운 해안 절벽들,
석회암 절벽과 세월의 흔적이 만들어 낸
아름다운 해안마을,
눈부신 아드리아해의 보석,
반할수 밖에 없는 곳 '폴리냐노 아마레'

요트 유람을하며

자연이 만든 신비한 해안인
"폴리냐노 아마레"(Polignano a mare)
해안을 천천히 관광을하며 선상에서
간단한 안주에 샴페인과 와인을 마
시간도 잊을 수 없을것 같다.

이탈리아의 동화속 작은 마을
알베로벨로(Alberobello),
만화 개구이쟁이 스머프들이
살아간다는 동화마을,
고깔모양의 지붕을 한 버섯마을,
나지막한 집 트롤로(Trollo)들이
옹기종기 모여 있는 귀엽고
예쁜 풍경의 스머프 마을,
'알베로 벨로' 또한 어디에서도 볼수
아름답고 인상적인 마을 이었다.

경이로움과 놀라움 그 자체였던 마
수천년의 선사시대 선인들의 흔적이
쌓여있는 사씨 (Sassi)동굴,
시간이 멈춰버린
사씨 (Sassi) 동굴 객실에서의
이틀밤은 시공을 넘나드는 엄청난
새롭고 짜릿한 잊을 수 없는 체험이

이와같이 7천여년전 구석기시대부터
이어 온 동굴 도시 "마테라"에서의
특별한 체험도 강한 인상으로 남아
오래도록 기억될것 같다.
또한 이탈리아 중부지방의
아름다운 중세마을
"몬탈치노" (Montalcino), 블루날로
와인이 익어가는 와인의 고장
"몬탈치노" 또한 이번 여행에서 강력
인팩트를 준 여행지이다.
그리고 언급은 안되었지만
나머지 여행지도 좋은 시간과 추억
만들어 준 소중한 여행지였다.

그리고 무엇보다 여행 14일차

270

마테라에서 바리(Bari)로 오면서 들렸던
"Cantine Polvanera Winery"와
여행16일차 몬탈치노에서
"와이너리 Fanti" 와 "레 키우제
(Le chiuse)와이너리" 등 세곳의
Wine Testing은 정말 압권이었고
이번 여행의 가장 소중한 체험이었다.

▶ 세곳 와이너리에서의 20여종의 와인을 테스팅한 결과 가장 인상에 남고 좋아하게된 와인은

● 와이너리 FANTI에서 생산된
2015년 수확한 포도품종 산지오베제
(Sangiovese)로 생산된
'FANTI BRUNELLO DI MONTALCINO
RISERVA 2015' (판티 브루넬로
디 몬탈치노 라세르바) 이다.

이 와인 "판티 브루넬로 디 몬탈치노"
는 2015년도에 수확한 포도품종
산지오베제(Sangiovese)로
빗은 Red Wine으로 부드럽고
진한 탄닌, 구조와 산도가 전체적으로
풍부하고 따뜻한 여운을 남기는 와인이다.

특히 탄닌과 산도가 높아 최소 10년에서
수십년간 숙성이 가능해서
이탈리아를 대표하는 최상급 와인으로
대접 받는다.
2015년산 브루넬로(Brunello)가
그해의 제배된 포도 산지오베제
(Sangiovese)의 우수함으로
가장 훌륭한 와인으로 평가 받고 있다

● LE CHIUSE 와이너리에서
2012년도에 수확한 산지오베제
포도 품종으로 생산된
"Red Wine Brunello Di Montalcino Riserva"
(브루넬로 디 몬탈치노 리세르바)가

또한 강하게 어필한다.
이 와인은 나이를 먹을 수있는
강력한 레드와인으로 잘 익은 과일,
단단한 탄닌, 엄청난 인기를 특징으로
하는 전형적인 신세계 스타일의 와인이다.
브루넬로 디 몬탈치노 와인 중 가장
비싼 와인으로 지난 1년 동안 가격은
상승 추세를 보였다.

• "일 코르틸레토" (il Cortilletto)식당

• "일 코르틸레토" (il Cortilletto)식당

▶ 미식여행으로 그동안 25곳의 맛집을 섭렵하였는데 그중에서 뛰어난 맛집을 정리 해 보면 다음과 같다.

● [1위] 여행 8일차 Lunch
오수투니에 폴리아식 요리로 유명한
"일 코르틸레토" (il Cortilletto)식당
'전채요리', 메인요리인
'믹스드 그릴 미트'

• 투니치즈, 쌀라미 등 각종 전채요리

• 메인요리인 '믹스드 그릴 미트'

2위

• "Trattoria Bere Vecchie"식당

• 메인요리 인 Mixed 바베큐 와 파스타인 'Orecchiette Alle Cime Di Rapa' 와 Meat Ball 요리인 'Poloette Al Sugo'

• 각종 살라미(Salami)등 전채요리

♣ 맛있는 여러가지 전채요리와 비프, 포크, 치킨 등 여러종류의 Meat에 양념간을 한후 그릴한 미트요리는 매우 창의적이고 독창적으로 이곳에 온후 먹은 미트 요리로는 획기적인 맛이다.

이와같이 메인 요리는 물론이고 전채요리도 어떤식당보다도 창의적인 요리로 비주얼과 맛에서 무척 뛰어나다고 생각한다.

모든사람들을 행복하게 만드는 맛집으로 미쉐린 가이드 식당이다.

● [2위] 여행 10일차 Lunch Cisternino 에 바베큐 맛집인 "Trattoria Bere Vecchie" '각종 살라미(Salami)등 전채요리' 메인요리 인 Mixed 바베큐 와 파스타인 'Orecchiette Alle Cime Di Rapa' 와 Meat Ball 요리인 'Poloette Al Sugo'

♣ 각종 살라미(Salami)등 독창적으로 마련한 전채요리는 물론이고 메인요리인 Mixed 바베큐, 귀모양 파스타, Meat Ball 요리도 이집만의 독창적인 맛으로 새로운 맛을 창출 했다.

전체적으로 이 식당은 맛집으로

손색이 없는 이 집만의 창의적인 독창 요리로 무척 뛰어난 맛집이다. 깊은 인상을 받았다.

● [3위] 여행 17일차 Dinner 로마의 진귀한 송로버섯(Truffle) 요리로 아주 유명 맛집인 "Taverna Lucifero" 식당 메인요리로 'Truffle Beef 휠레미뇽', 'Truffle 파스타'

♣ 트러플 휠레미뇽과 파스타도 여태 식당에서의 맛을 능가하는 고급스럽고 만족스러운 맛으로 꼭 와 보고 싶은 맛집이다.

• "Taverna Lucifero" 식당

• 메인요리로 'Truffle Beef 횔레미뇽', 'Truffle 파스타'

● (4위) 여행 2일차 Dinner
바리에 'MATSU'생선회'와 '해산물 볶음 우동'

♣ 아주 깔끔하고 현대적인
스시 맛집이다. 신선한 좋은 품질의
재료를 사용한 일본요리와 풀리아식 생선
요리의 완전한 융합이다.
누룽지의 고소한 맛에다 볶은 해산물에서 나오
는 풍미와 어우러져 처음 맛보는
새로운 맛으로 창조된 볶음 우동,
이번 여행에서 첫번째로 만난 맛집이다.

• 식당 MATSU

• 해산물 볶음 우동

• 생선회

● **[5위]** 여행 16일차 Dinner
몬탈치노에 플로렌스식 스테이크
(Florentine Steak)전문인
'Re di Macchia 식당'
'플로렌스식 티본스테이크',

♣평범한 발상의 요리로
특별한 맛을 창조하는 특별히 기억에
남는 와인의 고장 몬탈치노 최상의 맛집

• 플로렌스식 티본스테이크

● **[6위]** 여행 13일차 Lunch
마테라에 식당
'LA NICCHIA DEL SASSO'
메인요리요리인 '시베스찜', '생선찜',
'훈제삼겹살', '참치스테이크'

♣정성과 많은 노력으로 깔끔하고
창의적이고 탁월한 맛의 요리 맛집이다.

• Re di Macchia 식당

• 구운 감자 곁드린 메인요리

• 식당 'LA NICCHIA DEL SASSO' 셰프인 주인 부부

• 시베스찜

• 참치스테이크

• 20일간의 여행 루트

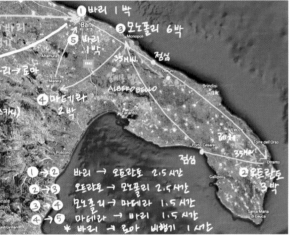

• 20일간의 여행 루트

• 아름다운 해변이 있는 오트란토

▶ 이탈리아 동남부에 부츠 뒤꿈치에 해당하는 풀리아(Puglia)주를 주로 여행했고 일부 중남부 도시와 중부에 토스카나 지역을 여행했다. 그동안 여행했던 주요 도시와 마을들을 정리 해 본다.

먼저 "바리"(Bari) 로 풀리아주의 주도,
이번 여행에 거점 도시로서
아드리아 해안에 있는 고대로 부터
내려 온 항구도시다 .

절대 빼놓을 수 없는 아름다운 해변과
볼거리 먹거리 풍성한 관광지
"오트란토"(Otranto),
해변과 암석이 아름다운 "산안드레아" (Sant'Andrea)

• 아름다운 아드리아 해 항구도시 바리

• 해변과 암석이 아름다운 산안드레아(Sant'Andrea)

• 자연 해수욕장 그로타 델라 포에시아 (Grotta della Poesia)

• 유서깊은 도시 레체(Lecce)

• 포르토 체사레오(Porto Cesareo)의 아름다운 해변

• 아름다운 항구도시 모노폴리(Monopoli)

세계에서 가장 아름다운
자연 수영장으로 손색이 없는
"그로타 델라 포에시아"
(Grotta della Poesia),

유서깊은 도시로서
풍부한 바로크 건축 기념물로 인해
" 남부 의 피렌체 "라는 별명 을 가지고
있는 유서깊은 도시 "레체"(Lecce)

부츠 뒤꿈치 안쪽에 있는 해안이 가장
아름다운 작은 해안 마을
"포르토 체사레오"(Porto Cesareo)

아드리아해 동해안에 있는
아름다운 항구도시 "모노폴리"(Monopoli)

부츠처럼 생긴
이탈리아 반도의 뒷굽으로 불리는
풀리아주에 아드리아해에 면한 크고
작은 항구도시들이 풀리아주에
즐비해 있다.

그런데 이 많은 도시중에
눈부신 아드리아 해의 보석,
반할수 밖에 없는 곳
"폴리냐노 아마레"(Polignano a Mare)

모노폴리와 브린디시 중간쯤에 있는
작고 아름다운 역사 유적도시
"오스투니" (Ostuni),

로마시대부터 살아온 3000년 된
올리브나무를 위시한 많은 밀리엄 올리브나무들이
아직도 싱싱한 열매를
맺고 있는 오수투니에 있는 올리브농가
Masseria Brancati농장,

만화 '개구쟁이
스머프'의 스머프들이 살아간다는

276

• 폴리냐노 아마레'(Polignano a Mare)해변

동화속 작은 버섯마을
"알베로벨로" (Alberobello),

이탈리아에서 가장 아름다운 마을 중 하나
로 손꼽히고 "로코로 톤도" (Locorotondo)

이탈리아에서 가장 아름다운
작은 마을 중 하나로 선정된
"치스테르니노"(Cisternino)

그리고 풀리아주를 벗어나
유럽 문화 수도로 선정된 도시,
세상에 어디에도 없는 고대 도시
"마테라" (Matera),

이탈리아 중부 토스카나(Toscana)에
있는 마을중 아름다운 중세도시
"몬티끼엘로" (Monticchiello),

• 오스투니에 올리브농장에 있는 3천년된 올리브나무 (한번 돌아서
감길때마다 1천년씩이라 세번 감겼으니까 3천년이된것이라 설명중임)

• 작고 아름다운 역사 유적도시 오스투니(Ostuni)

• 동화속 작은 버섯마을 알베로벨로(Alberobello)

투스카니(Toscani),
꿈속같은 아름다운 풍광을 가진 평원의
"발 도르시아" (Val d'Orcia) 지역

브루넬로(Brunello) 와인이 익어가는
중세 성벽으로 둘러 쌓인
중세 도시 "몬탈치노" (Montalcino)

여행자들의 휴양지 온천마을
"바뇨 비뇨니" (Vagno Vignoni)

그리고 마지막으로
이탈리아의 수도 "로마" (Roma),

이번 여행은 주로 남동부의 풀리아(Puglia)지역을
비롯하여 일부 남중부의 도시와 중부의
토스카나(Toscana)지역에서
위에서 정리한 19개 마을의 아름다운 풍광을 찾아
다니며 와인의 고장인 그곳의 와인과 함께
그지역 음식들을 맛보며 힐링의 시간을
갖는 미식여행이었고 휴식 여행이었다.

나에겐 또하나의 잊지못할 추억으로
간직 할 짧지만 긴 여행이 었다.

2022년 10월 瓢飮 송 두 진

• 아름다운 마을 로코로 톤도 (Locorotondo)

• 이탈리아에서 가장 아름다운 작은 마을 치스테르니노(Cisternino)

• 세상에 어디에도 없는 고대 도시 마테라(Matera)

• 아름다운 중세도시 몬티끼엘로(Monticchiello)

• 온천마을 바뇨 비뇨니(Vagno Vignoni)

• 유네스코 선정 문화유산 발도르챠(Val d'Orcia)평원(Google인용)

• 아름다운 중세 도시 몬탈치노 (Google인용)

• 로마 성 베드로 대성당